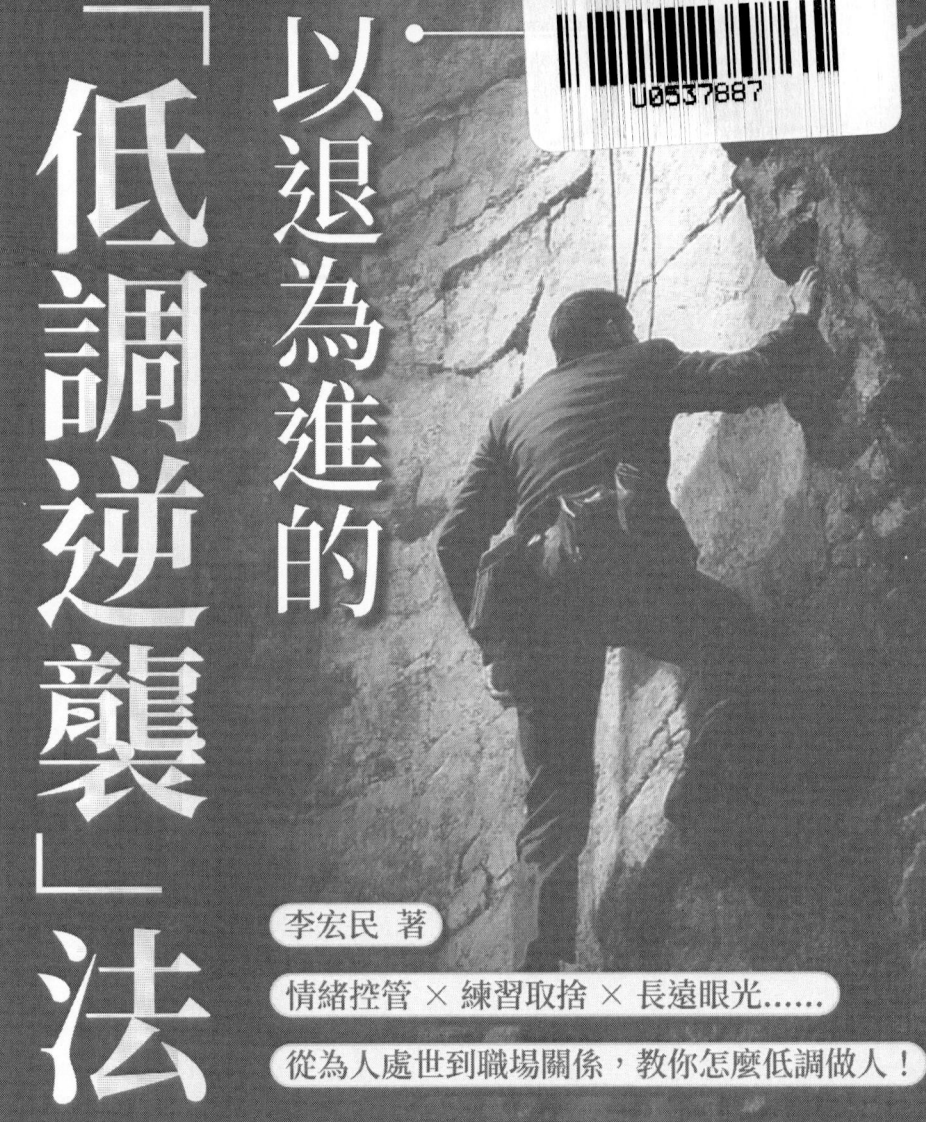

以退為進的「低調逆襲」法

李宏民 著

情緒控管 × 練習取捨 × 長遠眼光……
從為人處世到職場關係，教你怎麼低調做人！

人生最強布局，「低調」之道！

愛搶鋒頭、耍小聰明、不留餘地、自視甚高……
比沒能力和沒運氣更糟糕的，就是「沒格局」！
──教你怎麼低調做人的同時，又可以活得很有本事！

目 錄

前言 005

第一篇　低調謙虛，成就更大　009

第二篇　低姿態的智慧與魅力　043

第三篇　大智若愚，深藏不露的智慧　069

第四篇　柔能克剛，以退為進　099

第五篇　忍一時，贏未來　119

第六篇　退一步，海闊天空　143

第七篇　待人寬厚，留餘地就是留後路　189

目錄

前言

來自成功者的格局 —— 低調做人

俗話說：多大的鍋烙多大的餅。這個「鍋」就是指一個人的格局。

格局是指什麼？「格」，就是人格；「局」，就是氣度胸懷。一個人的格局有多大，就要看這個人的眼光、氣度、胸懷、膽識等要素有多好。謀大事者，首先要有大格局。有人曾說過：「氣度決定格局」、「格局決定一切」。一個人如果沒有大胸懷就很難有大作為。

東漢末年，曹操挾天子以令諸侯，勢力盛極一時。劉備落難投奔曹操後，每日只在後園種菜，親自澆灌，行韜晦之計。關雲長和張飛蒙在鼓中，抱怨劉備不留心天下大事，卻學小人之事。

一日，曹操邀劉備入府飲酒。酒至半酣，突然陰雲密布，大雨將至。曹操大談龍的品行，又將龍比作當世英雄，問劉備，請你說說當世英雄是誰。劉備裝作胸無大志的樣子，點遍袁術、袁紹、劉表、孫策、劉璋、張繡、張魯、韓遂，但都被曹操一一貶低。

前言

　　這個問題若是對別人而言，乃是諂諛獻媚的絕好機會，但劉備卻絕口不提曹操。因為他若明言曹操為英雄，固然會滿足曹操的虛榮心，並得其一時的歡心，卻等於指出曹操是一個不甘屈居人下的人，識破了其篡逆之心，那必定會引起曹操的警惕與忌恨。

　　另外，曹操藉機試探劉備，看他是否想稱雄於世，於是說：「夫英雄者，胸懷大志，腹有良謀，有包藏宇宙之機，吞吐天下之志者也。」劉備問：「誰能當之？」

　　曹操以手指劉備，然後自指說：「今天下英雄，唯使君與操耳！」其時，劉備正在與董承等人密謀對付曹操，聞言大吃一驚，手中筷子不覺落於地上。

　　如此舉止失措，必將引起曹操疑心，而劉備畢竟是當世之梟雄，善於藉機掩藏。當時恰好大雨將至，雷聲大作，劉備便從容俯首，一邊拾起筷子一邊說：「一震之威，乃至於此。」

　　曹操笑說：「丈夫亦畏雷乎？」

　　劉備說：「聖人迅雷風烈必變，安得不畏？」劉備雖是藉此巧妙地掩飾了過去，但心中終是不安，不久便藉機脫身，離開了曹操。

　　劉備心有大格局，藏而不露，在曹操面前十分低調，既不誇張炫耀、吹牛自大，也不為了眼前短小的利益而諂媚於曹操。低調地處理自己的行為舉止，甚至不惜裝出被雷嚇到的慫樣，以此騙過多疑的曹操，讓曹操覺得劉備的格局不過

爾爾，他才沒有被曹操立刻除掉，這才有了以後稱帝的蜀漢先祖。若非劉備能夠如此低調做人，並心存大格局，又怎能沉下心來韜光養晦，從一個擺地攤賣草鞋的小人物逆襲為蜀漢君王？可見，成大事者要有大格局，要學會低調做人。

前言

第一篇

低調謙虛,成就更大

　　蓋勞謙虛己,則附之者眾;驕慢倨傲,則去之者多。

　　　　　　　　　　　　《抱朴子·刺驕》

滿招損，謙受益

爵位不宜太盛，太盛則危；能事不宜盡畢，盡畢則衰；行誼不宜過高，過高則謗興而毀來。

——《菜根譚》

不自見，故明；不自是，故彰；不自伐，故有功；不自矜，故長。夫唯不爭，故天下莫能與之爭。

——《道德經》

謙虛一點，你會收穫更多

在這個務實的世界裡，良好的品性可能會給自己帶來相應的回報。如果我們具有高貴的品性和才幹而不為人所知，實在是一件令人遺憾的事，無論如何，人們更願意讓自己的功績來說話。但其實在某些時候，一個人如果讓自己的功績保持沉默，而代之以謙虛的美德來表現自己的真實，也許能收到奇效。

我們先來看看有關美國前總統柯立芝（Calvin Coolidge）的兩則著名逸事。

柯立芝在阿默斯特學院的最後一年，美國歷史學會曾授予他一枚金質獎章。在當時，這是一個被無數人看重的榮

滿招損，謙受益

譽，可他卻沒有對任何人說起過這件事，甚至對自己的父親也不例外。直到他畢業開始工作之後，他的上司諾坦普頓的法官菲爾德才無意中在雜誌上看到了對這一事情的報導。從佛蒙特州的村莊到白宮，柯立芝在他一生的事業中都以這種真誠的謙遜而聞名於世。

當柯立芝競選麻州議員連任時，在選舉即將進行的前夜，他無意中聽到了州議會議長的職位正虛位以待的消息。於是，柯立芝拎著他那「又小又黑的手提袋」，大踏步地趕到諾坦普頓的車站去。兩天以後，當他從波士頓回來時，手提袋裡已經裝上了大多數議員親筆簽名推舉他為議長的聯名信。就這樣，柯立芝順利地出任麻州議會議長，從而邁出了自己走向政壇的第一步。

這位以謙遜著稱的人，在人生關鍵時刻以迅雷不及掩耳之勢主動出擊，當仁不讓地拿走了他應得的東西。在這兩則逸事中，我們看到了柯立芝成功的最重要資本：一方面是真誠的謙遜，另一方面是主動為自己抓住升遷時機的才幹。實際上，柯立芝正是靠著這樣的資本跨過許多關鍵「門檻」的。

謙遜不僅是成功的要素，謙遜與內心的平靜也是緊密相連的。內心的平靜是做人的一種高度「心機」。我們越不在眾人面前顯示自己，就越容易獲得內心的寧靜，這樣，也就越容易引起別人的認同，得到別人的支持。

正如達文西所言：「微少的知識使人驕傲，豐富的知識使

人謙遜,所以空心的禾稈高傲地舉頭向天,而充實的禾穗卻低頭向著大地,向著它們的母親。」

要想進入一扇門,必須讓自己的頭比門框更矮;要想登上成功的巔峰,就必須低下頭彎起腰,做好攀登的準備。

那些登上巔峰的人們,不論是在舞臺上發表演說,還是乘機出訪,總是微微低著頭俯視腳下的人群,因為他們站在高處;而他們腳下成千上萬的人們,總是高高抬起頭向上仰望,因為他們站在低處。腳下什麼都沒有,只能往上看。

民間有句非常貼切的諺語:「低頭是稻穗,昂頭是稗子。」越成熟越飽滿的稻穗,頭垂得越低。只有那些穗子裡空空如也的稗子,才會顯得招搖,始終把頭抬得很高。

要想抬頭,必須懂得先要低頭。如果不懂得低頭,就會撞得頭破血流,甚至為此而失去性命。

只有那些格局小、眼界低、膚淺短見的人,才會喜歡在大家面前粉飾、吹噓自己。他們總是陶醉在自我營造的一種淺薄、自命不凡的感覺中,自己的所作所為都受其支配。因此,他們才會不厭其煩地提醒別人自己做了多少事情,告訴別人自己的知識多麼淵博,生怕別人把自己給忽視了。

然而,大多數人都不喜歡那些隨時隨地都把自己變成焦點的人,有時,他們甚至恨不得當場把這些愛慕虛榮的傢伙華麗的外衣撕開,讓其露出醜陋的真面目。因此,這種虛榮

不僅不會給我們帶來任何好處,反而可能會給我們帶來「滅頂之災」。

偉大的人物往往具備大格局,能從這種淺薄的虛榮中解脫出來。他們懂得保持謙遜的態度才能贏得人們的尊敬,他們總是能在很多事情的處理上恰到好處地表現自己的謙遜。事實證明,這是博取美譽的最好辦法。

夫尺有所短,寸有所長,物有所不足,智有所不明,數有所不逮,神有所不通。

——《楚辭‧卜居》

人微言輕反而「好辦事」

世間萬事萬物都有兩面性,就像西方流傳很廣的一句名言說的一樣:「上帝關上一扇門的同時,一定會為你開一扇窗。」當自己還很弱小的時候,不要妄自菲薄,不要以為自己現在的步伐很小,是無足輕重的。事實上,只要充分利用好自己的「弱勢」,踏踏實實地走好每一步,就會越來越接近成功。

德國著名文學家歌德(Johann Wolfgang von Goethe)說過,一個人不能騎兩匹馬,騎上這匹,就會丟掉那匹。當一個人成為強者或名人之後,所承擔的社會責任就越大,所背負的包袱也就越多,由於為名利所累,有些事情反而更不容

第一篇　低調謙虛，成就更大

易去做。而身為弱者或普通人，不用為名利所累，也不用分散精力去維持名利，可以便宜行事，反而更易達到目的。

老虎是林中大王，但在面對比牠弱小很多的豬的挑戰時，因顧及自己的身分和地位，也表現出無奈。

有一天，一頭豬領著一群豬走進深山。在山野中忽然遇見一頭老虎。老虎看見豬群，高傲地吼道：「我是百獸之王，你們趕快退避。」那頭豬回答道：「讓我退避，這是不可能的。如果要與我決鬥，我一定捨命相陪。請你暫時等一等，我要去披上我的鎧甲。」

這時，老虎感到十分不解，說道：「你算什麼上等貴族嗎？報上名來，看看是誰膽敢和我挑戰？你既然要披鎧甲，就隨你便吧。」那頭豬立即往一個大糞坑裡一跳，滾了一身汙穢之物，重新走到老虎面前，說：「來，我與你決鬥！」老虎一看，實在是沒法下嘴，就說：「我是百獸之王，常以獐鹿等獸類為食物，有時稍稍劣等一點的我都不屑吃，何況你這種不乾淨的髒東西。和你決鬥只是把我弄髒了。」

所謂「尺有所短，寸有所長」，強者有強者的弱點，弱者有弱者的強項。弱者的劣勢中包含著優勢，沒有名氣，也就沒有面子、包袱，可以採取更多方法獲勝。然而身為百獸之王的老虎因為礙於自身的地位，卻遭受箝制。如果它們處於同一地位，也就不會顧及那麼多了。

心存大格局的人，在未成功之前把自己當成弱者是成就

大事的最佳心計。因為你不被重視，不顯山露水，那麼你做很多事情都不會被阻撓，會很順利，經過一段時期的累積，也就很容易走向成功。

是故甚愛必大費；多藏必厚亡。知足不辱，知止不殆，可以長久。

──《道德經》

知足不辱，知止不殆

縱觀古代帝王，他們在登上權力寶座之後，為了鞏固自己的江山社稷，消除危及其統治的各種因素，總會採取一些手段進行整頓。劉邦、朱元璋等人均對不願被馴服的有功之臣痛下毒手，不留後患；宋太祖趙匡胤則是採取「杯酒釋兵權」的和平方式解除了功臣的兵權，然後賜給他們良田美宅，讓他們回鄉享受天倫之樂，不再過問朝政，不僅沒有因為固權防變而導致流血事件，反而使君臣關係更加融洽。

勝保曾在太平軍和捻軍起義時，率清軍與兩支起義軍作戰，招撫過太平天國淮北團練頭目苗沛霖和捻軍首領李昭壽，又招撫義軍首領宋景詩，因此立下了戰功。他還是辛酉政變中支持慈禧的大功臣之一。因此在辛酉政變成功後，慈禧對他委以重任，將他由四品京堂候補降職身分提拔為正二品兵部左侍郎，由鑲藍旗漢軍副都統升為上三旗中正黃旗滿

洲都統、正藍旗護軍統領。這一時期的勝保，成為慈禧所倚重的滿洲大臣，真可謂是紅極一時。

然而，就在慈禧任命勝保主持山東、安徽的「剿捻」軍務，前線戰事吃緊的關鍵時刻，慈禧卻突然變臉，於同治元年十一月傳旨將勝保革職，次年七月賜令勝保自盡。

原來，同治元年六月，勝保以欽差大臣的身分督辦陝西軍務，鎮壓起義。不久，曾被他招撫的太平天國降將苗沛霖、宋景詩等人復叛，光祿寺卿潘祖萌、順天府丞汴寶第、御史丁紹周、華祝三等人因此而先後參劾勝保的諸多不法行為，如驕縱貪淫、冒領軍餉、收受賄賂、擁兵縱寇、欺罔貽誤等。

慈禧聞奏後，命欽差大臣柯爾沁親王僧格林沁等人查實具奏。經核查，勝保被參劾的諸多不法行為均屬實。慈禧為此而震怒，頒布上諭揭露勝保的各種罪狀，並傳旨將勝保革職，交刑部問罪。

同治二年，慈禧釋出上諭，稱勝保利用苗、宋二人來挾制朝廷。這在封建社會可是殺頭之罪。慈禧之所以給他安上這一罪名，一是因為勝保恃功自縱，而且不肯認罪；二是勝保「擁兵養寇為自固」確有其嫌，這一點是慈禧無論如何都不能容忍的。

就這樣，得寵一時、風光無限的勝保，最終還是被慈禧賜死了。

> 滿招損，謙受益

　　正所謂「樹大招風」「功高震主」，自古以來，為什麼許多開國功臣不得善終？又為什麼所謂的明君會屠殺功臣？原因無他，都是因為臣下的爵祿官位太過隆盛了，所以不是震主而招來不測之禍，就是惹人忌妒而身陷險境。

　　知足是明智的，知足就會少了一些恥辱；知道適可而止也是有大格局的表現，只有知道停止方能長盛不衰。

第一篇　低調謙虛，成就更大

永遠不要小看小事

　　大道氾兮，其可左右。萬物恃之以生而不辭，功成而不有。衣養萬物而不為主，常無欲，可名於小；萬物歸焉而不為主，可名為大。以其終不自為大，故能成其大。

——《道德經》

　　天下難事必作於易，天下大事必作於細。

——《道德經》

不要小看了低端工作

　　世間萬事萬物皆起之於低，成之於低，低是高的發端與緣起，高是低的嬗變與演繹。世上絕大多數成功人士都是從做低端工作開始，一步步走向人生制高點的。古羅馬大哲學家西劉斯曾說過：「想要到達最高處，必須從最低處開始。」這是一個相當不錯的建議。

　　對那些已經站在人生金字塔尖上的人，你只要去研究他的攀爬經歷就會發現：他也一定有過坎坷和屈辱，他也一定有過「低人一等」的經歷，只不過是他心存大格局，不甘現狀，不甘人下，比常人付出了更多的努力，而後才攀上人生巔峰的。

> 永遠不要小看小事

　　你可能已經擬訂了一個非常嚴謹的人生奮鬥計畫，有些目標可能是很完善和可讚賞的。但在你沒有達到這些目標之前，中途的一些起起落落真可說是微乎其微的小事。也許你在實行一個計畫時，一著手就大受他人誇獎，但你必須對他們的誇獎一笑置之，仍舊埋頭去做，直到隱藏在心中的大目標完成為止。那時人家對你的驚嘆，將遠非起初小小的誇獎所能企及。

　　合抱之木，生於毫末；九層之臺，起於累土；千里之行，始於足下。

——《道德經》

小事不小

　　獅子從來就瞧不起細小的蚊子，牠總覺得蚊子很惹人討厭，整天嗡嗡地在牠身邊飛來飛去，這時獅子總是會說：「你這卑微的東西，不要在我面前飛來飛去，快滾吧！你簡直是世界上最醜陋的東西。」蚊子們都知道獅子非常霸道，但懾於獅子的威力，都敢怒不敢言，終於有一天，有一隻勇敢的蚊子站了出來。

　　這隻蚊子飛到獅子面前，大聲說道：「我不怕你，你也不比我強多少。你究竟有什麼了不起的？是用爪子抓，還是用牙齒咬？僅這幾招，女人和男人打架時也會用。可我卻比你要厲害得多。你若不信，我們不妨來較量較量。」

第一篇　低調謙虛，成就更大

　　蚊子說著就向獅子展開攻擊。蚊子撲到獅子身上，專叮牠的鼻子、眼睛和臉上沒毛的地方。獅子不堪忍受，奇癢無比，身體馬上就被叮得到處紅腫，蚊子又針對紅腫凸起的皮膚展開不斷的攻擊。到了這個地步，獅子向來自豪的尖牙和利爪也沒有用武之地了。獅子覺得痛癢難耐，便發狂似的，用自己銳利的爪子撓身體，終於撓得腹開頸裂，手腳都染紅了血，最後不得不要求停戰。

　　蚊子戰勝了獅子，吹著喇叭，唱著凱歌，牠感覺自己一下子偉大了許多，於是揚揚得意地在空中飛來飛去，不料卻被蜘蛛網黏住了。蚊子將被吃掉的時候，悲嘆道：「我已戰勝了最強大的動物，卻被這小小的蜘蛛所消滅。」

　　有些人雖擊敗了比自己強大的人，卻不料被比自己弱小的人所擊敗。我們不甘於庸庸碌碌，不甘心平平凡凡了此一生，這無可厚非。然而，我們不知道的是，所有的大事，都是由一些小事構成的。大事就是小事，小事也是大事。小事做好了才能做大事，能夠將小事做得完美的人，做起大事來一如做小事般輕鬆。而小事做不好的人，每一件小事都成了他的大事。

　　劉備一生做了多少大事，而他在臨終前託孤遺詔時猶念念不忘「勿以惡小而為之，勿以善小而不為」，可見「注重小事」自古以來便是名學大儒們所奉行的行為準則。所謂「小事就是大事」，就是在妥善處理點滴小事的過程中，你的能力及工作態度就可能被領導和同事認可，你的毛病和弱點也可能

被對手和小人所察覺。

有格局的人善於以小見大，從平淡無奇的瑣事中參悟深邃的哲理。因此，有心人不會將處理瑣碎的小事當作是一種負累，而是當作一種經驗的累積過程，當作做一番大事業的熱身準備。

相反，那些心無格局，對瑣事不屑一顧，處理問題時消極懈怠，覺得日子枯燥乏味的人，鮮有成功者。這類人往往好高騖遠，眼高手低。他們雖然同樣渴望成功，殷勤等待，其實卻猶如守株待兔，緣木求魚。

故夫河冰結合，非一日之寒；積土成山，非斯須之作。

——《論衡・狀留》

一步一步，拾級而上

宇宙漫長的歷史，是一分一秒走過來的；人類繁衍的重任，也是一代一代傳下來的。「愚公移山」這個寓言故事告訴我們，只要我們一步一步地啃下去，像山一樣的困難都會被我們啃掉。再大的困難，若是遇到一步一步堅持啃下去的人，它除了等著束手就擒，又還能如何？

一隻新組裝好的小鐘放在了兩隻舊鐘當中。兩隻舊鐘滴答滴答一分一秒地走著。其中一隻舊鐘對小鐘說：「來吧，你也該工作了。可是我有點擔心，你走完3,200萬次以後，恐

第一篇　低調謙虛，成就更大

怕就吃不消了。」

「天哪！3,200萬次。」小鐘吃驚不已，「要我做這麼大的事？辦不到，辦不到。」另一隻舊鐘說：「別聽他胡說八道。不用害怕，你只要每秒滴答擺一下就行了。」

「天下哪有這樣簡單的事情。」小鐘將信將疑，「如果這樣，我就試試吧。」

小鐘很輕鬆地每秒鐘滴答擺一下，不知不覺中，幾年過去了，它也不記得走了多少個來回了。

千里之行，始於足下。只要我們每一刻都在前行，山一程，水一程，再遠的路程也有抵達的一日。既如此，起行時又何懼什麼山長水遠千里迢迢呢？在現實生活中，只要一步一步不停地向人生目標邁進，當最後一步事情在我們的手中完成時，整個事情成功的喜悅已經浸潤我們的生命。

1983年，伯森・漢姆徒手攀登上紐約的帝國大廈，贏得了「蜘蛛人」的稱號，同時也創造了金氏世界紀錄。美國懼高症康復聯合會得知這一消息後致電「蜘蛛人」漢姆，打算聘請他做康復協會的心理顧問，因為在美國有8萬多人患有懼高症。

伯森・漢姆接到聘書，打電話給聯合會主席諾曼斯，讓他查一查第1024號會員。這位會員很快被查了出來，他的名字叫伯森・漢姆。原來他們要聘作顧問的這位「蜘蛛人」，本身就是一位懼高症患者。

諾曼斯對此大為驚訝。一個站在二樓陽臺上都心跳加速的人，竟然能徒手攀上400多公尺高的大樓，這確實是個令

> 永遠不要小看小事

人費解的謎。諾曼斯決定親自拜訪一下伯森‧漢姆。

諾曼斯來到費城郊外伯森的住所。這裡正在舉行一個慶祝會，十幾名記者正圍著一位老太太拍照採訪。原來伯森‧漢姆94歲的曾祖母聽說漢姆創造了金氏世界紀錄，特意從100公里外的葛拉斯堡羅徒步趕來，她想以這一行動，為漢姆的紀錄添彩。誰知這一異想天開的想法，無意間創造了一個耄耋老人徒步百里的世界紀錄。

《紐約時報》的一位記者問她，當你打算徒步而來的時候，你是否因為年齡關係而動搖過？老太太精神矍鑠，說：「小夥子，打算一口氣跑100公里也許需要勇氣，但是走一步路是不需要勇氣的，只要你走一步，接著再走一步，然後一步再一步，100公里也就走完了。」諾曼斯站在一旁，一下明白了伯森‧漢姆登上帝國大廈的奧祕——原來他只需要一步一步往上攀爬。

在這個世界上，創造出奇蹟的人，正是那些一步一步往上爬的人；在現實生活中，能夠克服巨大困難的人，也是那些一步一步不斷前行的人；能夠更快更好實現自己事業目標的人，是那些將遠大的事業目標分解為一個一個看得見、夠得著的小目標的人。

一步一步地前行，一個目標一個目標地進取。當比較艱難時，也不必一次大幅度地前行，一點點就夠了。不要小看這一點點，每次小小的前行，小小的進取，成功就會一點點地接近我們。

第一篇　低調謙虛，成就更大

謹防樹大招風，避開不必要的風險

樹大招風風撼樹，人為名高名喪人。

—— 《西遊記》

氣忌盛，心忌滿，才忌露。

—— 《呻吟語》

木秀於林，風必摧之

有一個人下山去看朋友，走在山路上時，看見幾棵巨大的樹，枝葉茂盛，可是伐木的工匠卻站在一邊，誰也不去砍伐。這人便問：「這麼大的樹，你們為什麼不動手去砍伐呢？」工匠說：「這些樹木品質不好，沒有什麼用處。」這人想了想才明白：這些樹正是因為沒有用，所以才能長得這樣高大。

下了山之後，到了朋友家，兩人相見十分高興，主人忙吩咐僕人殺鵝請客。僕人問道：「我們家的鵝一隻會叫，一隻不會叫，殺哪一隻才好呢？」主人不假思索地說：「殺那隻不會叫的好了。」

這人又糊塗了：剛才山上的樹因無用而終享天年，而今這隻鵝因無用而被殺，到底是有用好還是無用好？

> 謹防樹大招風，避開不必要的風險

其實，生存是一門學問，太強了樹大招風，招人忌妒；太弱了被人看不起，被人一腳踢開。拿捏好其中的分寸，才可以游刃有餘。

鄭莊公準備伐許。戰前，他先在國都舉辦比賽，挑選先行官。眾將一聽露臉立功的機會來了，都躍躍欲試，準備一顯身手。

第一個項目是擊劍格鬥。眾將都使出渾身解數，只見短劍飛舞，盾牌晃動，鬥來衝去。經過輪番比試，選出了6個人來，參加下一輪比賽。

第二個項目是比箭，取勝的6名將領各射3箭，以射中靶心者為勝。有的射中靶邊，有的射中靶心。第5位上來射箭的是公孫子都。他武藝高強，年輕氣盛，向來不把別人放在眼裡。只見他搭弓上箭，3箭連中靶心。他昂著頭，瞟了最後那位射手一眼，退下去了。

最後那位射手是個老人，鬍子有點花白，他叫穎考叔，曾勸莊公與母親和解，莊公很看重他。穎考叔上前，不慌不忙，嗖嗖嗖三箭射出，也連中靶心，與公孫子都射了個平手。

只剩下兩個人了，莊公派人拉出一輛戰車來，說：「你們二人站在百步開外，同時來搶這部戰車。誰搶到手，誰就是先行官。」公孫子都跑了一半時，腳下一滑，跌了個跟頭。等爬起來時，穎考叔已搶車在手。公孫子都哪裡服氣，拔腿就來奪車。穎考叔一看，拉起來飛步跑去，莊公忙派人阻

第一篇　低調謙虛，成就更大

止，宣布潁考叔為先行官。公孫子都懷恨在心。

潁考叔果然不負莊公之望，在進攻許國都城時，手舉大旗率先從雲梯衝上許都城頭。眼見潁考叔大功告成，公孫子都忌妒得心裡發疼，竟抽出箭來，搭弓瞄準城頭上的潁考叔射去，一下子把潁考叔射了個「透心涼」，從城頭栽下來。另一位大將瑕叔盈以為潁考叔被許兵射中陣亡了，忙拿起戰旗，又指揮士卒衝城，拿下了許都。而潁考叔一番辛苦，都為他人做了嫁衣。

天下皆謂我道大，似不肖。夫唯大，故似不肖。若肖，久矣其細也夫。我有三寶，持而保之：一曰慈，二曰儉，三曰不敢為天下先。慈故能勇，儉故能廣，不敢為天下先，故能成器長。

——《道德經》

不必著急做「老大」

有一個很有實力的從事電腦業的老闆與一個朋友閒談，這個朋友說：「據我觀察，你的實力和影響堪稱我們地區電腦業的老大。」這個老闆說：「確實，無論從經濟實力、社會影響還是經營之道來講，如果要選老大，我當之無愧。但真的選起來，沒人會選我，因為在表面上看，我不是最大。」

他說，當「老大」不容易，因為不論研發、行銷、人員、設備，都要比別人強，為了不被別的公司超過去，要不斷地

謹防樹大招風，避開不必要的風險

擴充、投資；換句話說，要花很多力氣來維持「老大」的地位。他說，這樣太辛苦了，而且一旦沒弄好，不但老大當不成，甚至連想當老二都不可能。這當然只是這位電腦老闆個人的想法，不過這位老闆所說的卻也是事實。當「老大」的，必然要費很多力氣來維持「老大」的地位。不只從事企業經營如此，上班拿薪水也是如此。像主管就是部門的「老大」，這老大為了保住他的位子，不但要好好帶領手下，也要和上級打理好關係，以免遭人排擠。有功時，主管當然功勞第一，但有過時，主管也是首當其衝。

當副主管就沒這麼多麻煩了，表面上看來他不及主管風光神氣，但因為有主管遮風避雨，可省下很多辛苦，何況也有當副手時沒事，一當主管就出毛病的，所以很多人寧可當副手卻不願當主管。可見當「老大」有多難。

雖然說做「老大」有很多難處，但絕無勸阻人不當「老大」的意思，如果誰有當「老大」的本事，也有當「老大」的興趣和機會，當仁不讓未為不可，也自有其風光所在！

如果你自認能力有限，個性懶散，那麼就算有機會，也不要去當「老大」，因為當得好則好，沒當好一下子變成老三、老四，不但對自己是個打擊，在現實社會裡，更會造成這樣的非議：「某某人不行」「某某人下臺了，聽說很慘」……這些非議對你都是不利的。大家常說扶旺不扶衰，

第一篇　低調謙虛，成就更大

你一從「老大」位子摔下來，落井下石的有，打落水狗的有，於是本來還可當老二的，卻連要當老三、老四都有問題了。

經營企業也是如此，「龍頭老大」的位子一旦不保，就會給人「某某公司倒了」的印象，於是兵敗如山倒。想力挽狂瀾？恐怕沒有那麼容易。

因此，做事或經營企業，從老二、老三或老五做起都沒關係，最好不要急著當「老大」。這位電腦老闆可謂是對社會有獨到的認知和獨到的體驗，因此處世也較理智。

不尚賢，使民不爭；不貴難得之貨，使民不為盜；不見可欲，使民心不亂。是以聖人之治，虛其心，實其腹，弱其志，強其骨。常使民無知無慾，使夫知者不敢為也。為無為，則無不治。

— 《道德經》

無為即有為

「無為」是老子的核心思想之一。老子強調的無為，其實就是要順其自然，尤其是在治理社會的時候，強調人的社會行為要順應自然，這樣要比頒布什麼法令、制度來約束人的社會行為更合理，更有用。對於管理企業來講，也是如此，如果主管能讓員工在寬鬆環境下自覺積極工作，即便他不加

> 謹防樹大招風，避開不必要的風險

以約束，企業也依然可以有很大發展。無為而治乃大治，也就是說，「為」有時候反而不如「不為」，「不為」即是「有為。」

漢朝開國皇帝劉邦的雄才大略無人不知，無人不曉，他兒子漢文帝劉恆在位期間出現的「文景之治」更是令人嘆服。漢文帝劉恆之所以能把漢朝的帝業進一步向前發展，是因為他懂得漸進的道理，不貪功冒進，以儉養德。

漢文帝劉恆，在位約23年。他在位期間，不急於建功立業，而是針對漢初民生凋敝的局面，採取「無為而治，與民休息」的國策，使秦末顛沛流離的百姓終於有了休養生息的機會。天下如有旱災或蟲害，他就加倍施恩於臣民，如免去諸侯進貢、開放山木川澤、允許民眾漁獵。在對待皇室財政開支方面，他帶頭縮減自己的衣服、車駕、犬馬，裁減官僚機構的官吏，開放糧倉賑濟平民。自其登基以迄駕崩，他未曾擴建過宮室苑囿，未曾增加過犬馬車駕，凡於民不利的，他就下令予以撤銷。

有一天，宮中計劃修建露臺，文帝叫來工匠進行預算，需要花費百金。文帝聽後說：「百金等於十戶中等人家的產業，我奉守先帝的宮室，經常擔心有辱先帝的名聲，何必要修這露臺呢？」便廢止了修臺的計畫。

漢文帝的清心寡慾、不講排場，還表現在他對自己死後

第一篇　低調謙虛，成就更大

的喪事處理上。他非常不放心自己的喪事，唯恐人們鋪張浪費，勞民傷財，因此立下遺詔：「我聽說天下萬物誕生後，沒有一個不死的，死是天地間的常理、生命的自然結局，怎麼可以過分哀痛呢？方今之時，人們都喜歡活著，厭惡死去，人一死就要厚葬，弄得損財破產，長時間服孝，以致傷身害體，對這種做法我十分不贊成。況且我又無德，沒做什麼有利於人民的事。現在謝世，卻使百姓長期服喪痛哭，寒來暑往，曠日持久，讓別人家的父子為我哀痛，老少為我傷心，不能正常飲食，停止祭祀鬼神，這等於加重了我的罪孽，如何對得起天下黎民百姓！我有幸得以守護宗廟，微末之身列於天下君王之位，已有二十餘年。仰賴天地神靈的福佑，國內安寧，沒有戰爭。我雖不敏，卻常恐行為有失，辱沒了先帝的遺德。想到歲月悠長，唯恐難以善終。而今有幸得盡天年，能侍奉於高廟之中，以我之不明，有這樣的結局，還有什麼可悲哀的呢！你們要命令天下臣民，自出喪之日起，服孝三天即皆可除孝服。不要禁止娶婦嫁女、祭祀、飲酒、食肉等行為；參加喪禮的人也不要光著腳；孝服的帶子不要超過三寸，不要在車駕、兵器上纏孝布；不要命令男女民眾來宮中啼哭，應來宮中舉哀的，早晚各舉十五聲，禮畢即可。非早晚舉哀之時，不得擅自哭泣。要布告天下，使臣民明白我的心意，我下葬的霸陵，山川要一仍其舊，不要妄加改變。我死後，把宮中夫人以下的宮女全都放歸其家。」

> 謹防樹大招風，避開不必要的風險

　　漢文帝奉行中道，循序漸進，不求有什麼豐功偉業，只是一點一滴地贏得了民心，贏得了歷史，為西漢中期的繁榮奠定了堅實的基礎，在歷史上留下了「文景之治」的治世。從漢文帝的「無意建功名，功名反在身」的結局可看出，為官之人越是堅守仁愛素樸的大道，越能得到人民的敬愛，其功德在不經意間就修成了。

第一篇　低調謙虛，成就更大

鋒芒太露，容易遭受暗箭

淡泊之士，必為濃豔者所疑；檢飭之人，多為放肆者所忌。君子處此，固不可少變其操履，亦不可露其鋒芒。

——《菜根譚》

君子之心事，天青日白，不可使人不知；君子之才華，玉韞珠藏，不可使人易知。

——《呻吟語》

鋒芒太露易遭暗箭

不過於表現自己，是保護自己的一種方式，是走向成功的一塊奠基石。鋒芒畢露者自會招來禍害。

在秦始皇陵兵馬俑博物館，一尊被稱為「鎮館之寶」的跪射俑前總是有許多觀賞者駐足，他們為跪射俑的姿態和寓意而感嘆。導遊介紹說，跪射俑被稱為兵馬俑中的精華，中國古代雕塑藝術的傑作。

仔細觀察這尊跪射俑：它身穿交領右衽齊膝長衣，外披黑色鎧甲，脛著護腿，足穿方口齊頭翹尖履，頭綰圓形髮髻。左腿蹲曲，右膝跪地，右足豎起，足尖抵地。上身微左側，雙目炯炯，凝視左前方。兩手在身體右側一上一下做持

> 鋒芒太露，容易遭受暗箭

弓弩狀。

據介紹，跪射的姿態古稱之為坐姿。坐姿和立姿是弓弩射擊的兩種基本動作。坐姿射擊時重心穩，省力，便於瞄準，同時目標小，是防守或設伏時比較理想的一種射擊姿勢。秦兵馬俑坑至今已經出土清理各種陶俑一千多尊，除跪射俑外，皆有不同程度的損壞，需要人工修復。而這尊跪射俑是保存最完整且是唯一一尊未經人工修復的兵馬俑。仔細觀察，就連衣紋、髮絲都還清晰可見。

跪射俑何以能保存得如此完整？導遊說，這得益於它的低姿態。首先，跪射俑身高只有120公分，而普通立姿兵馬俑的身高都在180公分至197公分之間。天塌下來有高個子頂著，兵馬俑坑都是地下坑道式土木結建構築，當棚頂塌陷、土木俱下時，高大的立姿俑首當其衝，而低姿的跪射俑受損害就小一些。其次，跪射俑做蹲跪姿，右膝、右足、左足三個支點呈等腰三角形支撐著上體，重心在下，增強了穩定性，與兩足站立的立姿俑相比，更不容易傾倒而破碎。因此，在經歷了兩千多年的歲月風霜後，它依然能完整地呈現在我們面前。

由跪射俑對映出為人處世之道。初涉世的年輕人往往個性張揚，率性而為，不會委曲求全，結果可能是處處碰壁。而涉世漸深後，就知道了輕重，分清了主次，學會了內斂，少出風頭，不爭閒氣，專心做事。就像跪射俑一樣，保持生

命的低姿態,避開無謂的紛爭,避開意外的傷害,更好地保全自己,發展自己,成就自己。

元末的朱元璋在攻占了南京後,因為群雄並峙,為了避免因嶄露頭角而成為眾矢之的,他採用耆老朱升的建議,以「高築牆,廣積糧,緩稱王」的策略贏得了各個擊破的時間與力量,在眾人的眼皮底下暗渡陳倉,最後吞併群雄當上了大明皇帝。

職場上,特別是在同事面前,聰明的員工對自己的成就要輕描淡寫,必須學會謙虛,不要太過張揚,免得讓同事對你產生愛表現、譁眾取寵的印象。做到這些,你才能永遠受到歡迎。

魚,我所欲也;熊掌,亦我所欲也。二者不可得兼,捨魚而取熊掌者也。生,亦我所欲也;義,亦我所欲也。二者不可得兼,捨生而取義者也。

—— 《孟子》

避招風雨,該放手時要放手

人生在世,一定要懂得取捨。魚和熊掌不可兼得,有些時候,適當放手才能得到更多。

三國時期曹操的著名謀士荀攸智慧超群,謀略過人,他輔佐曹操徵張繡、擒呂布、戰袁紹、定烏桓,為曹氏集團統

鋒芒太露，容易遭受暗箭

一北方、建立功業做出了重要貢獻。他在朝二十餘年，能夠從容自如地處理政治漩渦中上下左右的複雜關係，在極其殘酷的人事傾軋中，地位始終穩定，立於不敗之地，就在於他能淡泊緘默。

曹操有一段話形象而又精闢地反映了荀攸這一特別的謀略：「公達外愚內智，外怯內勇，外弱內強，不伐善，無施勞，智可及，愚不可及，雖顏子、寧武不能過也。」可見荀攸平時十分注意周圍的環境，對內對外，對敵對己，迥然不同。

參與軍機，他智慧過人，連出妙策；迎戰敵軍，他奮勇當先，不屈不撓。但對曹操、對同僚卻不爭高下，表現得總是很謙卑、文弱、愚鈍、怯懦。

有一次，荀攸的姑表兄弟辛韜曾問及他當年為曹操謀取袁紹冀州的情況，他卻極力否認自己的謀略貢獻，說自己什麼也沒做。他為曹操「前後凡畫奇策十二」，史家稱讚他是「張良、陳平第二」，但他本人對自己的卓著功勳卻是守口如瓶，諱莫如深，從不對他人說起。他與曹操相處二十年，關係融洽，深受寵信，從來不見有人到曹操處以讒言加害於他，也沒有一處得罪過曹操，使曹操不悅。

建安十九年，荀攸在從征途中善終而死，曹操知道後痛哭流涕，說：「孤與荀公達周遊二十餘年，無毫毛可非者。」

第一篇　低調謙虛，成就更大

並讚譽他為謙虛的君子和完美的賢人。這都是荀攸避招風雨，精於應變的結果。

避招風雨的應變策略，初看起來好像非常消極。其實，它並不是委曲求全、窩窩囊囊做人，而是透過少惹是非、少生麻煩的方式更好地展現自己的才華，發揮自己的特長。同時，對於一些謀士來說，運用避招風雨的策略，不僅可以保命安身，還可以求得一個好的終結。

「運籌帷幄，決勝千里」的千古良輔張良，在功成名就時，漢高祖讓其擇齊地三萬戶為封邑。那時，連年戰爭，人口銳減，糧食奇缺。齊地素以富饒著稱，對於立國不久、困難重重的漢朝來說，齊地的三萬戶是個極為豐厚的食祿。

然而，張良卻婉然謝絕了劉邦的厚賜，只選了個萬戶左右的留縣，受封為「留侯」。張良置榮利而淡之，行「避招風雨」術，其明哲保身的用心可謂良苦。

其實，一個有內涵、有實力的人也不一定永遠站在最高峰。忘記曾經的成功、曾經的輝煌，正視現實，這樣的人即使退居幕後，人們給予他們的仍然是掌聲和鮮花。

> 精明世所畏也，而暴之；才能世所妒也，而市之，不沒也夫！
>
> ——《呻吟語》

用低調化解他人的忌妒之心

帕金森先生（Cyril Northcote Parkinson）在《管理藝術精粹》中說：「大多陣列織在結構上像一座金字塔，當一個人向金字塔頂端爬去的時候，最重要的職位越來越少。因此，一個最近被提升的管理者，一定要特別謹慎小心。首先，他從前的大多數同事深信自己應該得到這個職位，並且為自己沒有得到它而不快。但特別重要的是：一個被提升的管理者必須想盡辦法表現出謙遜和不氣勢凌人。他一定不要忘記他以前的共事者。」

日本心理學家詫摩武俊認為，引發忌妒的條件主要有四種：

1. 各方面條件與自己相同或不如自己的人居於優勢地位。
2. 自己所厭惡而輕視的人居於優勢地位。
3. 與自己同性別的人居於優勢地位。
4. 比自己更高明的人居於優勢地位。

但他同時又指出，由於「忌妒心是在本人還未覺察時透過迅速無比的心理檢查而產生的」，所以，這四個條件中任何一個若與下列否定條件重複，忌妒心將不會產生：

1. 本人無意加以比較，或看破了情勢，認為自己無法達到那麼一個高度，或二者生活在不同層次的世界。

第一篇　低調謙虛，成就更大

2. 忌妒的對象不在自己身邊。正如《菜根譚》所說：「炎涼之態，富貴更甚於貧賤；妒忌之心，骨肉尤狠於外人。此處若不當以冷腸，御以平氣，鮮不日坐煩惱障中矣。」
3. 別人確實是透過十分艱苦的努力得到的結果。

根據以上產生忌妒心理的這些基本條件和否定條件，我們完全有可能找到一些淡化忌妒心的有效辦法。最基本的方法是盡量淡化自己的優勢地位。很簡單，你不比別人強，或者人家感覺不到你比他強，他還忌妒你什麼？

有時候，明擺著比別人強，但還要從感情上和大家走在一起，讓別人認為你不比別人強，這樣，別人就不再忌妒你，也會認為你是靠自己的努力得來的優勢地位。具體說來，淡化忌妒有許多種方法。其一，不恃才傲物，不居功自傲，強調外在因素以沖淡自己的優勢地位。

當你表現出色時，要將功勞與大家分享，並感謝領導對你的栽培。其實你的辦事能力，你的功勞，領導和多數同事是看得很清楚的。如果你過於強調自己的功勞，反而會讓人反感。

如果功勞真的是你獨自一人做出來的，其他人根本就不曾插手，或者都不知道，你可以強調只是自己的運氣好罷了。運氣這東西，誰都知道，是碰來的，並不是自己有什麼

特別的才智和實力。

其二，成功時在人前適當地掩飾自己的興奮情緒，保持謙和的態度以淡化優勢地位。

當你取得某些成就，這自然是一件可喜可賀的事。如果別人一奉承，便陶醉而喜形於色，就會無形中加強別人忌妒之情。所以，面對別人的讚許恭賀，應謙和有禮，不僅顯示出自己的君子風度，淡化別人對你的忌妒，而且能博得他們對你的敬佩。

其三，以自己的劣勢淡化自己的優勢地位。

尺有所短，寸有所長。在生活中，每個人都有自己的長處，也有不如別人的短處。顯示自己不如別人的短處、弱點，並虛心向別人學習，是在不被他人忌妒的氛圍下鞏固自己的優勢地位。當你處於優勢地位時，如果你突出的不是你的優勢而是你的劣勢時，就會減輕身邊人的心理壓力，產生一種「哦，他也和我一般而已」的心理平衡感，從而淡化乃至消除對你的忌妒之情。

霍金斯（Robert Maynard Hutchins）曾是位傑出的政治家，後來他又成為芝加哥大學的校長，那時他才剛剛三十歲。當他第一次在報紙上發表言論時，他提出的兩項論點非常獨特鮮明。這兩項論點使他在後來艱辛的事業上受益匪淺。其論點之一是：「一個三十歲的人，所知所聞非常淺薄，

第一篇　低調謙虛，成就更大

此後他必須依賴他的助手。」他以他的淺薄和無知獲取了新環境中眾人的同情。

其四，不與同性別的人談及敏感的事情。

特別是在女性之間。女性的忌妒心天生比男人強烈。忌妒可以說是女人明顯特徵之一。所以，如果你是一個比較優秀的女性，在做人做事中的一項很重要的事情，就是不要成為周圍女性忌妒的對象。女人之間對容貌、衣著以及風度氣質所帶來的愛情生活、夫妻關係等相當敏感，很容易產生忌妒心。靚麗女孩身邊男孩一大堆，而那些容貌平平的女孩，只能在一旁默默看著，強烈的羨慕之情很容易轉化為忌妒心。如果你就是那位靚麗的女孩，你更要做事低調，你不妨收斂自己的興奮之情，或者突出自己的某些短處，以平衡周圍女孩的心。要不然，你的麻煩會層出不窮。

戰國時期，魏國國王向楚懷王贈送了一名美女。這名美女生得眉清目秀，可與春秋時的西施媲美。楚懷王自然對她非常傾心，並取名珍珠，對其寵愛有加，二人整天形影不離。

楚懷王原本有一名愛妾，名叫鄭袖。珍珠未來之前，懷王整天與她在一起，而今來了一個珍珠，懷王對她漸漸疏遠了。鄭袖對懷王的移情別戀十分惱火，同時對珍珠忌妒得幾乎發狂。但是，鄭袖沒有大吵大鬧，她知道那樣做會對自己不利，所以表面上鄭袖對珍珠百般疼愛，視為自己的親妹

> 鋒芒太露，容易遭受暗箭

妹,稍有空就跟她聊天,以此向懷王表示她對珍珠的愛惜。

有一天,鄭袖偷偷地對珍珠說:「大王對你很滿意,也非常寵愛你,不過,對你的鼻子他好像有點看不慣,大王曾在我面前說了幾次,因此以後你在大王面前,一定要將自己的鼻子捂住。」珍珠根本不知道,這竟是鄭袖設的圈套。從此她在楚懷王面前總是一隻手捂住鼻子,併作出不情願狀。懷王莫名其妙,便來詢問鄭袖。開始鄭袖故意裝出一副遲疑的樣子,欲言又止。「別害怕,有什麼就說出來嘛!」懷王說道。「她在我面前說大王有體臭,並說特難聞。因此她就捂住自己的鼻子了。」

楚懷王脾氣十分暴躁,他聽完鄭袖的話,盛怒之下,將珍珠處以割鼻子的劓刑。鄭袖又回到了懷王的懷抱。珍珠空負美女之名,不知道保護自己,最後的下場實在可悲。

其五,你還可以讓他人明白,自己的優勢是透過艱苦努力獲得的。大禹治水成功,但他付出一生的努力,風餐露宿,三過家門而不入,這樣取得的成就,又還有幾個人去忌妒他呢?

如果我們處於優勢地位確實是透過自己的艱苦努力得到的,那麼不妨將此「艱苦歷程」告訴他人,以引人同情,減少忌妒。

總之,我們要學會淡化自己的優勢,做人保持低調,化解他人的忌妒之心。這是非常有用的做人做事策略。在生活

中,有不少人總是極力炫耀自己的才能,唯恐他人不知,還時不時嘲笑他人。要知道,真正有才能有實力而又有心的人,是深知低調做人的道理的。

第二篇

低姿態的智慧與魅力

> 我益智,人益愚;我益巧,人益拙。何者?相去之遠而相責之深也。唯有道者,智慧諒人之愚,巧能容人之拙,知分量不相及,而人各有能不能也。
>
> ——《呻吟語》

第二篇　低姿態的智慧與魅力

虛心學習，常拜人為師

子曰：三人行，必有我師焉。

——《論語》

人之忌，在好為人師。

——《孟子‧離婁上》

好為人師不可取

「好為人師」也許是人的一種天性，連小孩子都有自我兜售的欲望。「好為人師」是自顯高明的表現，在無形中抬高了自己，貶低了別人，這在社交中很容易引起他人的反感。相反，在人群中，你以別人為師，不但可以滿足對方的優越感及虛榮心，而且也能學到知識，增長見識，可收到一箭雙鵰的奇效。

在社會生活中，「好為人師」顯然不是一件好事。這裡的「好為人師」指的不是「喜歡當老師」，而是指喜歡指點、糾正別人的行為。

有一種人喜歡在工作中指出別人的錯誤，大肆發表自己的意見，也喜歡在言語上指正別人的缺點，例如交友方式、衣服髮型、教育子女的方法等。這種人有的是出於純粹的無

意識，對旁人的錯誤無法袖手旁觀；有的則是自以為是，認為別人的觀念有問題，只有他的觀念才是對的，喜好出風頭。

不管基於什麼心態，也不管你的意見是對是錯，是好是壞，一旦你主動提出來，你就犯了社會生活中的忌諱——侵犯了人性裡的「自我」！

要知道，每個人都在努力建立一個堅固的自我，以掌握對自己心靈的自主權，並經由外在的行為來檢驗自我強固的程度。你若不了解此點而去揭露他的錯誤，他會明顯地感受到你對他的自我的侵犯，有可能不但不接受你的好意，反而還採取不友善的態度。尤其在工作方面，你的熱心根本就是在否定他的智慧與能力，甚至他還會認為你是在和他搶功勞，總之，他是不大領情的。

所以，有遠見有格局的人都十分清楚「好為人師」是人際關係的障礙。如果非要「為人師」不可，則必須建立在幾個基礎上才行：

1. 你基於「義」而提出，而對方又願意領情，情願接受你的意見。但不接受的可能性也相當高，這是人性，沒有什麼道理好說。
2. 你在對方心目中夠分量。所謂「人微言輕」，如果他一向敬重你，那麼他有可能接受你的意見，但表面聽從，

私下不理的可能性也很高。如果分量不足，那就別自討沒趣。

3. 你是他的長輩或上司。基於倫理或利害關係，他有可能接受你的意見，但也不盡然。

總而言之，人都有排他性，也有雖然知道不對也要做下去的比較朦朧的「人本」意識，這是他個人的選擇。因此，與其好為人師地「招惹麻煩」，不如「拜人為師」，求自己成長，引發別人反感的事最好少做或者不做。

耳中常聞逆耳之言，心中常有拂心之事，才是進德修行的砥石。若言言悅耳，事事快心，便把此生埋在鴆毒中矣。

—— 《菜根譚》

用平常心對待別人的忠告

人非聖賢，孰能無過？我們每個人在性格，或在為人處世方面，總難免有不曾發覺的死角或是一時的疏忽之處。若在此時，有人提醒我們的缺點，我們應衷心感激。所謂朋友之道，貴在勸導忠告。瑞士作家希爾泰在《書簡 —— 友情》中指出：「忠告如雪，下得越靜越長留心田，也越深入心田。」

《孔子家語》中也指出：「人受諫，則聖；木受繩，則直；金受礪，則利。」「良藥苦口利於病，忠言逆耳利於行。」這

些古今中外的名言都認為：忠告其實是別人送給你最豐厚的禮物。

然而在現代社會，能夠直言不諱地指責他人缺點者已日漸稀少。無論是你的上級、長輩或同事，大都不願意冒著被別人惱恨的危險去忠告別人，而都抱著獨善其身的態度漠視一切。試想，如果人人皆能誠懇、虛心地接受別人的忠告，而且人人都期待他人的忠告，這種現象還會出現嗎？

平心而論，真正能夠苦口婆心地勸告我們，指責我們的人是誰呢？不外乎是父母、師長、兄弟、妻子、朋友或子女等。他們的目的無非是希望我們在人際關係上更圓滿，在事業上更成功。但是，忠言逆耳，大多數人對於忠告總是有一種反抗心理，從而導致原有的密切關係破裂。從某種程度上說，忠告的確是一件危險的事情。

如在這種情況下仍有不顧後果提出忠告者，一定是對我們懷有深厚感情之人。一個從來不曾受到他人忠告的人，看似完美無缺，實際上可以說，他是一個毫無良好人際關係的真正孤獨者。

由此看來，受到忠告說明你周圍有人在關心你。「不聞大論，則志不宏。不聽至言，則心不固」（漢 荀悅《申鑑》）。但是，若接受忠告時的態度不夠坦然，則將會使你的朋友紛紛棄你而去。

從另一個角度來說，忠告者也能從你的態度中得知你是

第二篇　低姿態的智慧與魅力

　　一個坦誠的人，或是驕傲自大的人，還是冥頑不靈的人，進而影響對你整個人格的評價。一個謙虛上進，追求完美的人一定是個能夠接受任何善意建議的人。如此，即使是與你只有點頭之交的人，也將樂於對你提出忠告。

　　具體而論，接受別人的忠告，應掌握以下幾點：

1. 要「照單全收」——忠言必須「照單全收」，不管正確與否，事後再慎加選擇，切莫拒絕，更不能當場輕下諾言。很多人都受到忠告，只有智慧的人才能從中得到裨益。

2. 誠懇的道歉——「啊！是我疏忽了，十分抱歉，今後一定改進。」「對不起，這是我的錯，請你原諒。」如能誠心地道歉，對方一定能原諒。

3. 不逃避責任——別人忠告你時，如果你「但是」「不過」「因為」等如此一味地辯解，或急欲掩飾過錯、保護自己，只會使你的過失更加嚴重，使存在的問題變得更加複雜，因而無法尋找正確的解決之道。

4. 不強詞奪理——有些人在犯錯誤之後，受到長輩的指責，非但不思改悔，反而理直氣壯地陳述自己不正確的理由，說什麼：「你也曾年輕過呀！難道你年輕時就那麼十全十美從沒犯過錯誤嗎？」如此的態度將使長輩甩袖而去，再也不管你的事了，這對自己有害無益，而且將會阻礙你人格的發展。

5. 不自我寬恕——許多人在失敗後，總是替自己找許多理由和藉口來寬恕自己，比如，認為失敗不是自己能力不高，而是時運不濟等。如持這種態度，則最終仍將無法克服自己的缺點，而使自己更顯孤獨，對於別人的忠告不要漠然置之，必須表現出樂於坦誠接受的態度。
6. 對事不對人——對於別人的忠告，應仔細反省其所指責之處，而絕不應該耿耿於懷。敞開胸懷接受批評，徹底反省、思過、改進，接受忠告並善加活用，使他人的忠告成為自我成長的原動力，這才是一個正常人應持的正確處世態度。

不自滿者受益，不自是者博聞。

——《格言聯璧》

放低姿態，向同事學招

有些人認為，同事是自己在公司裡的競爭對手，是職場上互有戒心的同行者，是對外保持一致而對內各懷心事的搭檔，唯獨不是值得信賴和學習的夥伴，不是可以推心置腹互相借鑑的知己。

如果同事也這樣認為的話，那麼在職場中，你就不會有和諧、舒心的感受，有的只是懷疑、不安、緊張和憤懣的情緒。

第二篇　低姿態的智慧與魅力

其實,「三人行,必有我師」,同事就是你身邊最好的老師,也是讓工作變得美好的關鍵人物。你為何不能放低姿態將同事視為「良師益友」呢?

向同事「拜師學招」的意義其實是聰明地、適度地示弱,這樣容易使得趨於戒備和緊張的同事關係得以緩和。在逞強爭勝已經成為一種流行的職場中,靈活地示弱更容易感動別人,更容易得到別人的好感。同事好為人師的心態也會因你的行為得到滿足。一旦同事向你伸出援手,友誼的花朵就會在不知不覺間盛開,彼此之間一種惺惺相惜的輕鬆氛圍也會形成,你們之間的競爭關係也會有意想不到的改善。向同事請教,看看他們遇到難以解決的問題時是怎樣化險為夷、撥雲見日的,這樣還可以幫你提高自身的能力,何樂而不為呢?

你可以找一找同事的優點,然後對他說:我要拜你為師,請多多指教。如果你這樣去做了,你會發現,同事並不像你以前所認為的那樣「面目可憎」。

在公司裡,要想做事少碰釘子、失誤少,最聰明的辦法也是多參考同事的意見,因為這些意見常常是他們付出代價換來的經驗之談。這就是求教於人的好處,不但能讓你在迷途中找到方向,更快地前進,還能改善與同事的人際關係,工作起來更加舒心快樂。

虛心學習，常拜人為師

在現代職場上，同事中的良師益友是工作中不可或缺的「必需品」。良師益友也許並不能幫你避免在做好工作、成就事業的過程中必須付出的代價，但他可以指引你走過這條路。一名出色的嚮導不僅能指出無數條通往相同目的地的道路，還能幫你找出最佳路徑，告訴你哪些踏腳石可以幫助你安全過河。他雖不能代替你跨過河流，卻能告訴你應避免哪些可使你落水的踏腳石。

同事中的良師益友能在平等的基礎上提供資訊與指導原則，他們有十分寶貴的資訊與經驗，並且願意與你分享，而這些正是為你打開光明前途大門的鑰匙。

示弱，是一種高明的選擇

示弱有助於解決衝突，示弱並不是沒有勇氣，而是一種溝通的策略。

—— 《非暴力溝通》

在人與人的溝通中，適當地示弱，能夠達到以柔克剛，以退為進的效果。

—— 《非暴力溝通》

懂得示弱裝傻的高明

人們似乎都有這樣的一種心理：同情弱者。因此，當你以弱者的形象出現在人們面前時，你不但不會引起人們的戒心，而且還會贏得人們的同情。因此，甘當弱者，你離成功就會越近。

示弱能換來更多人的支持，逞強只能增加更多的敵人。示弱是比逞強更實用的做人方法。示弱可以減少乃至消除不滿或忌妒。事業的成功者，生活中的幸運兒，被人忌妒是難免的，在一時還無法消除這種社會心理之前，用適當的示弱方式可以將其負面影響減少到最低程度。

示弱可以是和別人接觸時推心置腹的交談，幽默的自

嘲，也可以是在大庭廣眾之下，有意以己之短，補人之長。

　　交際中，必須善於選擇示弱的內容。一個學歷低、地位高的人在地位低的人面前不妨展示自己的低學歷，表示自己其實也是個平凡的人。成功者在別人面前多說自己失敗的經歷，現實的煩惱，給予人「成功不易」「成功者並非萬事大吉」的感覺。對眼下經濟狀況不如自己的人，可以適當訴說自己的苦衷，諸如身體欠安、子女學業不佳以及工作中的諸多困難，讓對方覺得「他家也有一本難唸的經」。某些專業上有一技之長的人，最好宣布自己對其他領域一竅不通，祖露自己在日常生活中也鬧過笑話、陷過窘境等。至於那些完全因客觀條件或偶然機遇僥倖獲得名利的人，更應該直言不諱地承認自己是「瞎貓碰上死耗子」。

　　示弱有時還要表現在行動上。自己在事業上已處於有利地位，獲得了一定的成功，在小的方面，即使完全有條件和別人競爭，也要盡量迴避退讓。也就是說，平時小名小利應淡薄些，疏遠些，因為你的成功已經使你成了某些人忌妒的對象，不可以再為一點微名小利惹火燒身，應當分出一部分名利給那些暫時處於弱勢中的人。

　　在具有博弈性質的交往中，最好不要在被逼無奈的時候才退讓，而應知道，在即將遭遇惡戰或需付出沉重代價前就主動退避三舍，而後再另外尋找獲勝機會，這才是最明智的選擇。

第二篇　低姿態的智慧與魅力

　　曾有一位記者去拜訪一位政治家，目的是蒐集有關他的一些醜聞。然而，還來不及寒暄，這位政治家就對想質問自己的記者說：「時間還長得很，我們可以慢慢談。」記者對政治家這種從容不迫的態度大感意外。

　　不多時，僕人將咖啡端上桌來，這位政治家端起咖啡喝了一口，立即大嚷道：「哦！好燙！」咖啡杯隨之滾落在地。等僕人收拾好後，政治家又把香菸倒著插入嘴中，從過濾嘴處點火。這時記者趕忙提醒：「先生，你將香菸拿倒了。」政治家聽到這話之後，慌忙將香菸拿正，不料卻將菸灰缸碰翻在地。

　　平時趾高氣揚的政治家出了一連串洋相，這使記者大感意外，不知不覺中，原來的那種挑戰情緒消失了，甚至對對方懷有一種親近感。

　　這整個的過程，其實是政治家一手安排的。當人們發現傑出的權威人物也有許多弱點時，過去對他抱有的恐懼感就會消失，而且由於受同情心的驅使，還會對對方產生某種程度的親密感。

　　為人處世中，要使別人對你放鬆警惕，獲得親近感，只要你很巧妙地、不露痕跡地在他人面前暴露某些無關痛癢的缺點，出點小洋相，表示自己並不是一個高高在上，十全十美的人物，這樣就會使人在與你交往時鬆一口氣，不與你為敵。

　　他山之石，可以攻玉。

　　　　　　　　　　　　　　　　　　——《詩經‧小雅‧鶴鳴》

示弱，是一種高明的選擇

求助並不是低三下四的行為

如果你在生活中遇到困難，不要覺得求助是低三下四的行為，也不要認為別人一定會拒絕幫助你，嘲笑你。如果你不去嘗試，怎麼會知道別人不會熱心幫忙呢？想生存下去，就必須藉助能夠幫助你的人。

面對困難，抱著頑強的態度與執著的精神固然不錯。但一個人的力量畢竟是有限的，有時，借用你周圍人的力量，可能會使你更快更好地解決難題。

每個人都有獲得別人尊重的欲望。請人幫個忙的意義正在於此，因為其話外之音是你已認可對方是一個能人和善人。這樣做的效果是：不僅可以使對方感受到自己的重要，而且也可以由此為你贏得友誼和合作。有時這個「忙」可以是自己刻意想出來的，意在把自己放在弱者的位置上，以獲得對方出於扶弱心理的善意支持。

很多人覺得自己有如此的身分，如此的學識，如果還要向不如自己的人求助，會顯得自己很低三下四，有辱尊嚴。其實，真正有胸懷有氣度的人，在一定的環境下，適當求助，會更有助於自己走向成功。

有一個博士分到一家研究所，成為學歷最高的一個人。

有一天他到研究所後面的小池塘去釣魚，正好正、副所長在他一左一右，也在釣魚。

第二篇 低姿態的智慧與魅力

他只是微微點了點頭,心想,跟這兩個大學生有什麼好聊的?

不一會兒,正所長放下釣竿,伸伸懶腰,噔噔噔從水面上如飛地走到對面廁所。

博士眼睛睜得都快掉下來了。水上漂?不會吧?這可是一個池塘啊。

正所長上完廁所回來的時候,同樣也是噔噔噔從水上「漂」回來了。

怎麼回事?博士生又不好去問,自己是博士生哪!

過了一陣,副所長也站起來,走幾步,噔噔噔「漂」過水面,到對面上廁所。這下子博士更是差點昏倒:不會吧,到了一個江湖高手雲集的地方了?

博士生也內急了。這個池塘兩邊有圍牆,要到對面廁所非得繞十分鐘的路,而回研究所上又太遠,怎麼辦?

博士生也不願意去問兩位所長,憋了半天後,也起身往水裡跨:我就不信大學生能過的水面,我博士生不能過。

只聽撲通一聲,博士生栽到了水裡。

兩位所長將他拉了出來,問他為什麼要下水,他問:「為什麼你們可以走過去呢?」

兩所長相視一笑:「這池塘裡有兩排木樁子,由於這兩天下雨漲潮,正好沒在水面下。我們都知道這木樁的位置,所以可以踩著樁子過去。你怎麼不問一聲呢?」

無論何時，遇到不懂的都應該向人虛心請教，所謂「三人行，必有我師」。這是因為每個人都有自己的長處，也有他的短處，正所謂「尺有所短，寸有所長」，哪怕是偉大的人物，也有他的缺點和不足；哪怕再平凡的人，也有他的長處。人們要謙虛謹慎，不要自以為是，自命清高，要有甘心當小學生的精神。以人之長，補己之短，就是一種學習，也就是拜人為師。

幽默的最高形態是自嘲。

——《行者無疆》

學會藉助自嘲的力量

自己打趣自己，自己批評自己，或是自己貶低自己，是培養領袖風範，爭取追隨者最有效的辦法，它不僅能獲得別人的注意和好感，還可以解除仇敵的怨恨。

在平日裡，當你陷入進退兩難的尷尬境地時，你也可以藉助自我解嘲式的幽默，體面地擺脫困窘處境。

古希臘大哲學家蘇格拉底（Socrates），娶了一個心胸狹隘、性情潑辣的悍婦為妻，她成天嘮叨不休，動輒破口大罵。有人問蘇格拉底，你是世上享有盛名的大哲學家，怎麼找這樣的女人。蘇格拉底說：「諸位有所不知，擅長騎術的人，總要挑選烈馬騎，我若能忍受我妻子的話，恐怕天下就

第二篇　低姿態的智慧與魅力

沒有難以相處的人了。」

一次，蘇格拉底正在和學生討論問題，他老婆不知又為了什麼事跑來，當著學生的面，毫無道理地把蘇格拉底罵了一頓，並且罵得興起，還隨手操起一盆水，潑了他一個落湯雞。當時，學生們都愣了，大家都瞪眼看著老師，想他會有什麼激烈的反應。這著實使蘇格拉底在學生面前很難堪，很尷尬。可是，蘇格拉底一動不動，很平靜地說：「雷鳴電閃之後，必然是傾盆大雨呀！」引得大家哈哈大笑。

一句形象的自我解嘲式幽默，成了很好的困窘「調解劑」。它將原本令人很不愉快的事情轉化為在場眾人會心的一笑，使得緊張氣氛即刻雲開霧散，而說話者本人，便也在大家輕鬆的笑聲中擺脫了困窘局面。

當你的失誤引發別人的對立情緒時，如果能適時地自嘲一番，獲得原諒應該不難。這就像兩個打架的人，一個突然倒地自認不是對手，如果對方不是無賴惡棍，一般便會又好氣又好笑地頓消敵意，說不定還會拉「自敗者」一把。

著名喜劇女演員卡洛‧柏妮（Carol Burnett），有一次坐在餐廳裡用午餐。這時，有一位老婦人走向她的餐桌，舉起手來摸摸卡洛的臉龐。當她的手指滑過卡洛的五官時，還帶著歉意說：「我看不出你有多好看。」

「還是省省你的祝福吧！」卡洛說，「我看起來還沒有你好看呢。」

> 示弱，是一種高明的選擇

素不相識的人去摸別人的臉龐，是絕對的無禮；當她假裝抱歉，其實是大發醋意時，這位老婦人對年輕漂亮女人的忌妒幾乎發展成了一種帶有惡意的挖苦。可以設想一下，如果她面對的是一個與她一樣放肆無禮而又心胸狹窄的人，人們也許將會目擊一場爭鬥。可是，卡洛‧柏妮是喜劇演員，她深深理解喜劇與鬧劇的差異。所以，她神情自若，先把老婦人帶有攻擊意味的貶低說成是「祝福」，並請她停止「祝福」。然後，坦然地承認自己沒多好看，諷刺對方，而又嘲笑自己。在粗魯蠻橫的侵犯面前，保住了自己的尊嚴，同時又表現出一種豁然大度的寬容厚道之氣，從而在精神上戰勝了對方。其中引人發笑的成分不少，但讓人起敬的成分更多。

有時候，當你想說笑話、講講小故事，或者轉述一句妙語、一則趣談時，最安全的往往就是你自己。如果你笑的是自己，誰會不高興？凡是能操縱最高級的語言藝術——幽默的人已經是「智力過剩者」，那麼能用最高境界的幽默——自嘲作為武器者，便堪稱人情操縱場上的「無冕之王」，怎能不令人肅然起敬。

有時你陷入難堪是由於自身的原因造成的，如外貌的缺陷、自身的缺點、言行的失誤等等，自信的人能較好地維護自尊，自卑的人往往容易陷入難堪境地。對影響自身形象的種種不足之處大膽而巧妙地加以自嘲，能出人意料地展示你的自信，在迅速擺脫窘境的同時展示你瀟灑不羈的交際魅

力。如你「海拔不高」，不妨說自己是體積小面積大，「濃縮的都是高科技」；如醜陋的你找了一個美麗的她，不妨說「我很醜但我很溫柔」；即便你如劉墉一樣背上扣著個小羅鍋，也不妨說你是背彎人不駝。美國的赫伯・特魯（Herbert True）在《幽默的人生》（*Humor in Life*）一書中把自我解嘲列入最高層次的幽默。如果你能結合具體的交際場合和語言環境，把自己的難堪巧妙地融進話題，並引出富有教育啟迪意義的道理，則更是妙不可言。

無論怎樣，嘲笑自己的長相，或嘲笑自己做得不是很漂亮的事情，會使我們變得更為豁達，並給人一種和藹可親的感覺，增加人情味。在社交場合中，自嘲是不可多得的靈丹妙藥，別的招不靈時，不妨拿自己來開涮，至少自己罵自己是安全的，除非你指桑罵槐。智者的金科玉律便是：不論你想笑別人怎樣，先笑你自己。

在某些特定的情況下，比如當我們出現在陌生人面前或者想要把自己的新思想介紹給熟人時，我們往往要面臨怎樣去消除與他人之間隔閡的問題。在這種情況下，拿自己開涮，就是有效的一招。

低調做人，真誠待人，贏得尊重

與人善言，暖於布帛；傷人以言，深於矛戟。

——《荀子・榮辱》

君子莫大乎與人為善。

——《孟子・公孫丑上》

平易近人尊重他人

一個人想成就大事就要善於凝聚人心，讓與之相關的人心甘情願地幫助自己和追隨自己。而凝聚人心最有效的方法就是做到平易近人。

漢朝時有一位叫劉寬的人，為人寬厚仁慈。他在南陽當太守時，老百姓若是做錯了事，他只是讓差役用蒲鞭責打，表示羞辱，此舉深得人心。

劉寬的夫人為了試探他是否像人們所說的那樣仁厚，便讓婢女在他和屬下集體辦公的時候捧出肉湯，裝作不小心的樣子把肉湯潑在他的官服上。要是一般的人，必定會把婢女責打一頓，即使不如此，至少也要怒斥一番。而劉寬不僅沒發脾氣，反而問婢女：「肉羹有沒有燙著你的手？」由此足見劉寬為人寬容之度量確實超乎一般人。

還有一次，有人曾經錯認了他駕車的牛，硬說為劉寬駕車的牛是他的。這事要是換了別人，不將那人拿到官府去治罪，也要狠揍他一頓不可，可劉寬什麼也沒說，叫車伕把牛解下給那人，自己步行回家。後來，那人找到自己的牛，便把那牛還給劉寬，並向他賠禮道歉，而劉寬非但沒責備那人，反而好言安慰了他一番。

這就是有理讓三分的做法。劉寬的度量可謂真不小，他感化了人心，也贏得了人心。

人往往有一種反抗心理，越是強硬的命令，越是不願意服從。然而，同樣是上司的命令，如果用「拜託」這句話來置換彼此的身分，人的反抗心理便會減少，常常不會感覺出這是命令。

比如上司把部屬叫到桌旁：「喂！聽說你不聽經理的命令。」怎麼聽也是上司的口吻。這種「職務言語」很容易招致職員們的反抗心理。

反之，如果不用這種「職務言語」，則會使公司內人際關係趨於融洽，工作進展也會順利很多。

比如經理交給部屬某件工作時，走到部屬的桌旁，說：「有一件事想拜託你……」經理本來應該用命令的語氣，卻對部屬稱「拜託」，由於措辭使得立場逆轉過來。如此一來，部屬便產生了幹勁，去忙於被委託的工作。這種辦法很奏效。

言語，原本就帶有社會功能。公司中居下屬地位的人，

常常對上級抱有某種壞印象。但上級如果冠以「先生」來稱呼下級，那麼彼此之間的情勢便會扭轉過來，使他抱有優越感，轉而會尊敬和信賴上級。這樣一來，即使直接釋出會招來抵抗的命令，也可以使部下感受到命令的人情味，而積極去執行。

總之，在工作場所，為了有效地調動部屬，讓他們幫你成就大事，你要盡量將領導工作中的指揮、命令列為降低姿態。不要在下屬面前總是板著老闆的面孔，要經常聽取他們的建議。這也是領導者低調做人和平易近人的表現。

在要說一些事之前，有三件事要考慮：方法、地點、時間。

——《薔薇園》

正視自己在什麼場合下是什麼身分

英國著名的維多利亞女王（Alexandrina Victoria）與其丈夫相親相愛，感情和睦。但是維多利亞女王乃是一國之王，整天忙於公務，出入於各種社交場合。而她的丈夫阿爾伯特（Francis Albert Augustus Charles Emmanuel）卻和她相反，對政治不太關心，對社交活動也沒有多大的興趣，因此兩人有時也鬧些彆扭。

有一天，維多利亞女王去參加社交活動，而阿爾伯特卻沒有去。已是深夜了，女王才回到寢宮。只見房門緊閉著，

第二篇　低姿態的智慧與魅力

女王走上前去敲門。

房內，阿爾伯特問：「誰？」女王回答：「我是女王。」門沒有開，女王再次敲門。房內阿爾伯特問：「誰呀？」女王回答：「維多利亞。」

門還是沒開。女王徘徊了半晌，又上前敲門。房內的阿爾伯特仍然問：「誰呀？」

女王溫柔地回答：「你的妻子。」

這時，門開了，丈夫阿爾伯特伸出熱情的雙手把女王拉了進去。

身為女王的丈夫阿爾伯特，一開始就知道敲門的人是自己的妻子，他的兩次發問實是明知故問。為什麼維多利亞前兩次敲門都遭到了拒絕，叫不開門，而最後一次丈夫開了門並熱情有加呢？這是由於女王的心理狀態沒有隨著交際的環境、對象的變化而加以調整，她的語言和她在此時所扮演的角色發生了嚴重的衝突而造成了失誤。

第一次女王上前敲門回答說「我是女王」，她這種自稱是在維護自己的尊嚴，這樣的態度應該在宮殿上運用才合適，這表示交際雙方的關係是君臣關係。而現在是在寢宮之中，面對的是丈夫，所以她這樣回答顯得態度高傲，咄咄逼人，沒有滿足身為丈夫的阿爾伯特的自尊心理，因而沒有叫開門。

第二次敲門，女王的回答是「維多利亞」，應該承認第二次回答比第一次回答語調有所變化，但是「維多利亞」這個

自稱在這裡是中性的，似乎只是一個冷冰冰的代號，沒有顯現出身為妻子角色的感情色彩，因而效果也不好，喚不起丈夫的親切之感，故而也沒叫開門。第三次敲門，女王回答說「你的妻子」，體現了身為「妻子」的角色意識，傳達出妻子特有的溫柔和濃烈的感情色彩，她的心態適應了具體的場合和對象，把交際雙方的角色做了明顯的定位，極大地滿足了阿爾伯特的自尊心理，於是先前失誤的不愉快一掃而光，效果極佳，不僅敲開了房門，也敲開了阿爾伯特的心扉。

在生活的舞臺上，我們每個人都離不開一定的場合，時刻都在扮演著某種角色。因此，每當與人交際時，不僅在傳遞訊息，而且還包含並規定了表達者與接受者雙方的角色關係，人們期待你說出的話符合角色規範。我們常常聽人說，某某人今天說話有失體統，往往是指他所說的話有悖於人們所期待的角色規範。這樣交際的效果就不會好。

然而這種角色不是一成不變的，隨著場合的變化和交際對象的變化，角色也有可能轉換。社會心理學家說：「實際上，每個個體所擔任的（角色）不只是一個，而是幾個社會角色，他可能是會計、父親、工會會員、混合足球隊隊員，有些角色是在人出生時就已確定（例如：女人或者男人），另一些角色是在生活過程中獲得的。」

同一對象在不同的環境裡往往表現為不同的角色，彼此的關係也就會跟著變化，這種變化往往透過說話表示出來，

不然就會發生角色錯位。同樣是維多利亞，在宮殿上是女王，回到寢宮就是妻子，她的語言形式隨著角色的變化而變化，如果不做這種調整，就會造成交際對象的不解、不快和不認同。所以，人們的語言一定要符合不斷轉換的身分。「處身京畿地，感受皇家風」「涉足異域土，甘當行路人」。

人這一生就是這樣，每一次角色的轉換都應該恰得其位和心甘情願。處高可自得其樂，自恰其心；處低可抬他人之尊，成他人之美，因而也可得他人之提攜、他人之善待和他人之感戴。

有過必悛，有不善必懼。

——《國語‧楚語下》

為人真誠勇於認錯

常言道：「智者千慮，必有一失。」何況我們並非聖人，難免會出現各種過錯。錯誤本身並不可怕，可怕的是不肯低頭認錯。有些人認為認錯是向別人低頭，有失自尊。其實正相反，勇於承認錯誤，反而會使人更加尊敬你、信任你。如果一味硬撐，拒絕認錯，最後一定會後悔不迭。

某出版社主筆丹諾先生在讀稿時，常常喜歡把自己認為重要的幾段用紅筆勾出，以提醒排校人員「切勿將它遺漏」。

但是有一天，一位年輕校對員偶然讀到一段文字，也是

> 低調做人，真誠待人，贏得尊重

被人用紅筆勾出的，上面大致是說：「本報讀者雷維特先生送給我們一個很大的蘋果，在那通紅美麗的皮上露出一排白色的字，仔細一看，原來是我們主筆的名字。這真是一個人工栽培的奇蹟！試想，一個完整無缺的蘋果皮上，怎樣會露出這樣整齊光澤的字跡來呢？我們在驚奇之餘，多方猜測，始終不明白這些奇蹟是怎樣出現在蘋果上的。」

那個年輕的校對員是一個常識豐富的人，他讀了這段文字不禁好笑起來。因為他知道這些蘋果皮上的字跡，只要趁蘋果還呈青色時，用紙剪成字形貼在上面，等蘋果成熟變紅時，將紙揭去，字就能夠留在蘋果上面。

所以，這位年輕的校對員心想，這段文字如果登了出來，必將被人譏笑，說他們的主筆竟會愚笨至此，連這樣一點小「魔術」也會「多方猜測，始終不明……」因此，他便大膽地將這段文字刪掉了。第二天一早，主筆丹諾先生看了報紙，立刻氣呼呼地走來，向他問道：「昨天原稿中有一篇我用紅筆勾出的關於『奇異蘋果』的文章，為何不見登出？」

那位校對員誠懇又惶恐地把他的理由說明後，丹諾先生立刻十分和藹地說：「原來如此！你做得十分正確，以後只要有確切可靠的理由，即使我已用紅筆勾出，你仍不妨自行取捨。」

有些人犯了錯，不是馬上去道歉，想辦法補救，而是找一大堆藉口為自己辯解、開脫。難道找藉口辯護，就能把錯誤掩蓋，把責任推個乾乾淨淨嗎？恰恰相反，為自己辯護、

開脫不但不能改善現狀,所產生的負面影響還會讓情況更加惡化。就算別人會原諒你這次,但他心中一定會感到不快,對你產生「怕負責任」的印象。

所以,一個人做錯了事,最好的辦法就是老老實實認錯,想方設法進行補救,而不是去為自己辯護和開脫。這是一種做人的美德,也是一個人為人處世的最高深學問。

你能坦誠地面對自己的弱點,再拿出足夠的勇氣去承認它,面對它,不僅能彌補錯誤所帶來的不良結果,在今後的工作中更加謹慎行事,而且別人也會很痛快地原諒你的錯誤,欣賞你的坦誠和勇於承擔責任的勇氣。

第三篇

大智若愚，深藏不露的智慧

>　　大成若缺，其用不弊。大盈若沖，其用不窮。大直若屈，大巧若拙，大辯若訥。躁勝寒，靜勝熱，清靜為天下正。
>
>　　　　　　　　　　　　——《道德經》

別為無謂的風頭與小聰明所累

企者不立,跨者不行。自見者不明,自是者不彰,自伐者無功,自矜者不長。其於道也,曰餘食贅行,物或惡之,故有道者不處也。

—— 《道德經》

藏巧於拙,用晦而明,寓清於濁,以屈為伸,真涉世之一壺,藏身之三窟也。

—— 《菜根譚》

莫耍小聰明出風頭

做人要注意韜光養晦,不露鋒芒,不要炫耀自己的聰明才智,顯得比別人聰明;更不要炫耀自己顯赫的權勢,這樣只會為自己樹立一大批敵人。尤其不要聲勢逼人,功高震主,引起上司內心深處的猜疑和不安。

三國時期,曹操手下有位才子,名叫楊修。他不僅才華出眾,而且反應機敏,聰穎過人。最初,曹操非常看重他。不過,楊修一向恃才傲物,鋒芒太露,使曹操漸漸生出反感,最終引來殺身之禍。

楊修善於揣摩曹操的心思。有一次,曹操命人新修了一座花園,修好後帶人來參觀。曹操覺得很滿意,只是臨走時

別為無謂的風頭與小聰明所累

在花園門上寫了一個「活」字。等曹操走後,楊修對修園人說:「主公嫌花園的門太寬闊了,請你把它改窄點。」

修園人不解其意,楊修便說:「你沒看見主公剛才在門上寫的『活』字嗎?門與『活』合在一起,正是一個『闊』字。這就是告訴你們,花園的門太寬了,必須改小。」眾人聽了,都說有道理。於是,修園人按照楊修所說的去辦。過了幾天,曹操再次來參觀時,發現花園門改小了,連連稱好。但當知是楊修析其義後,內心已忌楊修了。

又有一日,塞北送來酥餅一盒,曹操在餅盒上寫了「一合酥」三個字,放在臺上。楊修進來看見了,就把大家叫來一起分吃了。曹操問為何這樣?楊修答說:「您明明寫『一人一口酥』嘛,我們豈敢違背您的命令?」曹操雖然笑了,內心卻十分厭惡。

後來曹操率軍攻打劉備,在定軍山大敗。曹操感到進退兩難,但卻不願輕易撤兵。一天晚上,適逢廚師端來雞湯。見碗底有雞肋,有感於懷,正沉吟間,大將夏侯惇走進帳來,向曹操詢問當晚夜巡的口令。曹操就隨口說了「雞肋」二字。

夏侯惇出帳後,就把這個口令告訴了夜巡的將士。楊修聽到後,便吩咐手下人趕快收拾行囊,準備撤退。有士兵把此事報告了夏侯惇,他有些迷惑,趕忙問楊修。

楊修說:「雞肋,雞肋,食之無味,棄之可惜!主公是不想在此戀戰了,他雖然沒有直接說出來,但心裡已經準備要班師回朝了。」夏侯惇早有耳聞,對他的話深信不疑。回到

第三篇　大智若愚，深藏不露的智慧

帳中後，也命令手下人收拾物品為撤軍做準備，並派人通知了其他將士。

這一消息，有人很快報告給曹操。曹操一聽，不禁勃然大怒，他早就對楊修的恃才之舉有厭惡之心，立刻命人以蠱惑軍心為由推出斬首。

楊修終於結束了他聰明的一生。楊修的確很聰明，他聰明得能看透別人看不透的許多東西，能猜透別人猜不透的許多心思。然而，這樣的人真算是聰明嗎？顯然不算。多少年來，他被提拔得很慢，顯然是曹操不喜歡他的緣故，這他沒有意識到；曹操對他的厭惡、疑心越來越深，他也沒有意識到。這就是說，該聰明時他反倒真糊塗起來了。如果他迎合曹操，不表現他的小聰明，那麼他很可能會成功的。人們也許會說，楊修的死，關鍵在於曹操的聰明和多疑。但是，換了誰，身為上級也不大願意讓部下全部知道他的心思，他的用意。楊修的聰明，大智者看來，其實只是小聰明，太過愚蠢。楊修太愚蠢了，愚蠢得不知道該如何保護自己，終於，他的表面聰明使他愚蠢地走上了絕路。他小聰明的過分外露和無節制濫用，注定了他在爾虞我詐的官場成不了大氣候，注定了他在通向權力的道路上成為失敗者。

羅貫中說他「身死因才誤，非關欲退兵」，也只是說對了一半。他的才太外露了，從謀略來看，尚不是真才，不是大才，至少他不知道韜光養晦，不知道大智若愚，不知道保護

自己。那麼，除了災禍降臨，他還會有什麼結果呢？

真正有格局的人深知什麼叫聰明，什麼叫愚蠢。耍小聰明出盡風頭，到頭只能更招人厭。

一個欲成大事的人若耍小聰明就會被早早扼殺在搖籃裡，一個處處被人防範的人怎麼能真正取悅於上司和同事？又怎能成就一番大事業？

成就一番輝煌偉業，一要虛心謹慎，切忌恃才傲物，無所顧忌；二要胸有城府，千萬不要出不必要的風頭，耍沒意義的小聰明。

迷人之迷，其覺也易；明人之迷，其覺也難。

——《呻吟語》

切莫聰明反被聰明誤

美國金融家哈朋汀（Asbury Harpending）訪問倫敦時接到一封電報：美國西部發現了鑽石礦。於是，哈朋汀迅速趕回美國。

當哈朋汀抵達舊金山時，空氣裡瀰漫著興奮的氣氛。兩名土裡土氣的探礦者——阿諾（Philip Arnold）和史雷克（John Slack）就是發現鑽石礦的人，他們沒有透露礦藏的具體位置，只是領了一位備受推崇的採礦專家到那裡去，但他們故意繞路走，讓他摸不清方向。到了那裡，這位專家目睹採礦工

人挖出寶石來,回到舊金山後,將寶石送給不同的珠寶商人檢驗,其中一位珠寶商人估計寶石價值高達 1,500 萬美元。

在珠寶商人蒂凡尼(Charles Lewis Tiffany)那裡,哈朋汀證實了原先的估值。哈朋汀給了他們 10 萬美元,同時約好 30 萬美元由第三者保管,並表示如果交易成功,他還會額外再加 30 萬美元。兩名礦工同意了。

這群人到了紐約,並召開會議,當蒂凡尼宣布寶石是真的,並且價值不菲時,金融家興奮難耐,打電報給羅斯柴爾德(Baron von Rothschild)以及其他大亨,告知鑽石礦的事情,並且邀請他們共同投資,同時也告知兩位探礦人,想要再檢驗一次。

幾星期之後,全美國最好的採礦專家詹寧(Henry Janin)在舊金山與兩位探礦人碰頭,陪同詹寧的是哈朋汀。探礦人領著這群人走過一個個峽谷,繞過來又繞過去,讓他們完全不知身在何方。到達地點後,這群金融家驚奇地注視著詹寧開採。挖掘工作持續了 8 天,他們發現了翡翠、紅寶石、藍寶石,以及大部分的鑽石種類,詹寧完全信服了。他告訴投資人,現在他們擁有採礦歷史上蘊藏最豐富的礦藏。

採礦人拿走了已經答應給他們的 70 萬美元,同時留下地圖。

幾星期之後,他們發現這完全是採礦人、珠寶商人和採礦專家聯合起來做的一場騙局。原來,採礦人和珠寶商人事先在礦區埋了一萬美元的真寶石,並串通了採礦專家作假。全世界最富有的大亨掉入了最大的騙局。

> 別為無謂的風頭與小聰明所累

　　在許多類似的故事中，騙子常常讓受害者感覺自己很聰明，不只是聰明，而且是比行騙者更聰明。一旦相信這點，他們就永遠不會懷疑其他人有隱祕的動機了。貪婪和自以為是的人永遠是行騙者捕捉的對象。

　　看過《三國演義》或聽過京劇《失街亭》《斬馬謖》的人，想必都熟悉馬謖這個自命清高，最終禍及己身的人吧？

　　馬謖是「馬氏五常」之一，幼負盛名，一直驕傲自滿，恃才放曠，目無下塵。劉備早就看出了這一點，所以在白帝城向諸葛亮託孤之時就曾提出：「馬謖言過其才，不可大用。」可是諸葛亮卻沒有看透這位誇誇其談的紙上軍事家，就在與勁敵司馬懿交兵時，派他去負責堅守軍事要地街亭的指揮工作。不過諸葛亮終究是諸葛亮，在馬謖出兵之前，他不但指派「老成持重」的王平當馬謖的助手，而且一再囑咐他：「街亭雖小，關係甚重。」並且請他安排就緒之後立刻畫一張地圖來。但馬謖自恃才高，一到街亭，他就大發議論，說是「此等易守難攻之地，何勞丞相如此費心」！同時決定就在山頂紮營，早把諸葛亮的囑咐丟到腦後了。

　　王平提醒馬謖不要忘記丞相的指示，按照街亭的情況來看，若紮營於山頂，實是死地。因為如果一旦魏軍切斷了我們的水道，大家成了「涸轍之鮒」，那就「不戰自亂」了。但馬謖板起面孔，擺出一副教師爺的身分訓斥王平：「你懂什麼？如果魏軍困住我們並切斷水道，那我們就是置之死地而後生了。」結果魏軍一到，果然切斷水道，困住了馬謖，

第三篇 大智若愚，深藏不露的智慧

馬謖失去了水源，軍心渙散，後來果然失去街亭，被孔明斬首。

自古以來，像馬謖這樣自恃清高紙上談兵的人，無不是以害己終其身的。鑑此，紙上談兵的人應能從馬謖被斬的案例中有所感悟，以謙遜之態直面人生。

「難得糊塗」這四個字出自鄭板橋之口，關於這四個字的來歷，有這樣一段小故事：

據傳，有一年，鄭板橋到山東萊州雲峰山觀摩鄭公碑，晚間借宿在山下一老儒家中，老儒自稱糊塗老人，言談舉止，高雅不凡，兩人交談十分投契。老人家中有一塊特大硯臺，石質細膩，鐫刻精美，鄭板橋看了大為讚賞。老人請鄭板橋留下墨寶，以便請人刻於硯臺背面，鄭板橋感到糊塗老人必有來歷，便題寫了「難得糊塗」四字，並蓋上了自己的名章「康熙秀才雍正舉人乾隆進士」。

硯臺有方桌大小，還有很大一塊空餘，鄭板橋也請老人題寫一段跋語，老人沒加推辭，隨手寫道：「得美石難，得頑石尤難，由美石轉入頑石更難。美於中，頑於外，藏野人之廬，不入富貴之門也。」寫罷也蓋了方印，印文是：「院試第一，鄉試第二，殿試第三。」

鄭板橋看後，知是一位情操高雅的退隱官員，頓生敬仰之意。見硯臺還有空隙，便又提筆補寫了一段文字：「聰明難，糊塗尤難，由聰明而轉入糊塗更難。放一著，退一步，當下安心，非圖後來報也。」

後來這段文字傳了出來，人們感慨其中富含的哲理，便寫成橫聯掛起來，「難得糊塗」一詞也就越傳越廣了。

精明也要十分，只須藏在渾厚裡作用。古今得禍，精明人十居其九，未有渾厚而得禍者。今之人唯恐精明不至，乃所以為愚也。

——《呻吟語》

做人要聰明而不要精明

人要聰明，而不要追求精明。聰明的人一般不計較眼下的區區得失，而是把眼光放長遠，時刻有一個總體的目標，所有的努力都是為這個目標而服務的。雖然他們的好多行為讓別人看起來都是沒有意義的，甚至很吃虧。但是他們心裡清楚，自己的努力肯定在將來會得到巨大的回報。

美國第9任總統威廉‧亨利‧哈里森（William Henry Harrison）出生在一個小鎮上，他小時候是個文靜怕羞的孩子，人們都把他當成傻瓜，常喜歡捉弄他。他們經常把一枚5分硬幣和一枚1角的硬幣扔在他的面前，讓他任撿一個，威廉總是撿那個5分的，於是大家都嘲笑他。

有一天，一位好心人問他：「難道你不知道1角要比5分值錢嗎？」「當然知道，」威廉慢條斯理地說，「不過，如果我撿了那個1角的，恐怕他們就再沒有興趣扔錢給我了。

第三篇 大智若愚，深藏不露的智慧

一個聰明的男孩，有一天媽媽帶著他到雜貨店去買東西。老闆看到這個可愛的小孩，就打開一罐糖果，要小男孩自己拿一把糖果，但是這個男孩卻沒有任何的動作。幾次的邀請之後，老闆親自抓了一大把糖果放進他的口袋裡。回到家中，母親很好奇地問小男孩，為什麼沒有自己去抓糖果而要老闆抓呢？小男孩回答得很妙：「因為我的手比較小呀！而老闆的手比較大，所以他拿的一定比我拿的多得多！」

這同樣也是一個聰明的孩子，他知道自己的能力有限，而更重要的是他也明白別人比自己強。凡事不只靠自己的力量，學會適時地依靠他人，是一種謙卑，更是一種聰明。

與此相反，精明的人則總是很敏感地盯住眼前的利益，他們為人處世的標準是：人不利己，堅決不交；事不利己，堅決不為。這種人做事的風格給人的印象是，好像他們並不是為了賺錢，而是怕別人拿走了他們的錢。這種人只有在不讓自己吃虧的問題上，才能表現出才能和魄力。

在某社區門口的菜市場，有兩個豆腐攤位，一位是中年婦女，很精明的樣子，斤斤計較，不肯吃一點虧，少一分錢也不賣；隔著不遠，另一位是個二十多歲的年輕人，一副憨厚、樸實、傻傻的樣子，他的豆腐不論斤，一塊錢一塊，用刀拉一塊就行，而且保證比那位女攤主一塊二一斤的豆腐還要分量足得多，既豪爽，又實在。於是人們都喜歡買年輕人的豆腐，一天能賣好多屜，而那位精明的老闆娘一天最多賣一屜，有時還得剩下……

> 別為無謂的風頭與小聰明所累

商務談判有一句經典是：會買賣的稱讚對方，不會買賣的挑剔對方。小夥子的憨厚樸實，吃小虧而盈大利，正是摸準了顧客不在乎那一兩毛錢，需要的是賣主的信任和親切感，從而贏得了眾多的老顧客，其總體收益可想而知。而那位精明的女攤主，只顧眼前利益，不懂顧客心理，捨不得細微利益，也不會以情感人，如果她不改變方式方法的話，就可能很快會從這個市場消失。

成功者都知道長遠的利益肯定是較大的利益，而眼前的利益從來都是小利。成功的人都是很聰明的人，最明白吃小虧獲取長利的道理；而精明的人最不服人，其事業用不了多長時間，就會失敗。

那些精明的人，在實際中能獲得這樣的機遇嗎？我想很難，為了生存，人們常常絞盡腦汁，機關算盡也未必能夠如願；大智若愚，有時候也不失為一個好辦法。

大智若愚，即小事愚，大事明。這是一種很高的格局。愚，並非自我欺騙或自我麻醉，而是有意糊塗。由聰明而轉糊塗，由糊塗而轉聰明，則必左右逢源，不為煩惱所擾，不為人事所累。

現實生活中，確實有許多事不能太計較。特別是涉及人際關係，錯綜複雜，盤根錯節，太計較，不是扯了手臂，就是動了筋骨，越搞越複雜。不如順其自然，裝一次糊塗，不

第三篇　大智若愚，深藏不露的智慧

喪失原則和人格；或為了大眾、為了長遠，暫時忍一忍，受點委屈也值得，心中有數（樹），就不是荒山。有時候，事情逼到那個份上，就玩一次心計，表面上給他個「模糊數學」，讓他丈二金剛摸不著頭緒。

人一生不應對什麼事都斤斤計較，該糊塗時就糊塗，不計較、糊塗處置一些不關大局的小事情；但對重要問題、原則問題，就不能糊塗，該聰明時就得聰明。古人云：「呂端大事不糊塗。」說的正是小事裝糊塗，不耍小聰明，而在關鍵時刻，則表現出大智大謀。

深藏不露，才是真正的能耐

真廉無廉名，立名者正所以為貪；大巧無巧術，用術者乃所以為拙。

——《菜根譚》

聰明人宜斂藏，而反炫耀，是聰明而愚懵其病矣！如何不敗？

——《菜根譚》

不要告訴別人你比他聰明

英國 19 世紀政治家查士德斐爾爵士（Philip Dormer Stanhope）曾對他的兒子說過：「要比別人聰明，但不要告訴人家你比他更聰明。」蘇格拉底也在雅典一再地告誡他的門徒：「你只知道一件事，就是你一無所知。」真是絕妙的話語。這兩位智者告訴了我們在言語行事上所有應該遵循的行為準則。

永遠要相信並記住這一點：我們所遇到的每一個人都希望自己是聰明的。所以我們應該韜光養晦，養成隱藏自己聰明的習慣。不要讓他人無事可做，不要讓他人插不上一句話，要留給他人顯露其聰明的機會。外露的聰明遠不如深藏的智慧更有實際意義。

第三篇 大智若愚，深藏不露的智慧

　　乾隆皇帝好賣弄才情，寫過數萬首詩。他上朝時經常出些對聯問大臣。大臣們明明知道有些對聯是很粗淺的，也不說破，故意苦思冥想，並且求皇帝開恩「再思三日」。

　　這意思無非是讓乾隆自己說，然後大臣一片禮讚之聲。是滿朝文武無能人嗎？非也，這是免招惹是非的處世技巧。

　　有位年輕的紐約律師參加了一個重要案子的辯論。這個案子牽涉一筆巨資和一項重要的法律問題。在辯論中，一位最高法院的法官對年輕的律師說：「海事法追訴期限是6年，對嗎？」

　　律師愣了一下，然後直率地說：「不，海事法沒有追訴期限。」這位律師後來講述他的經驗時說：「當時，法庭內立刻靜默下來。氣溫似乎一下子降到了冰點。雖然我是對的，法官錯了；我也如實地指了出來。但法官並沒有因此而高興，反而令人望而生畏。儘管法律站在我這邊，但我卻鑄成了一個大錯，我並沒有尊重法官的感情，我居然當眾指出一位聲望卓著、學識豐富的人的錯誤。」

　　這位律師說得沒錯，他確實犯了一個「比別人正確的錯誤」。他否定了法官的智慧和判斷力，打擊了法官的榮耀和自尊心，同時還傷害了法官的感情。在指出別人錯了的時候，為什麼不能做得更高明一些呢？

　　沒有幾個人能夠邏輯性地思考。我們許多人都會犯武斷、偏見的毛病。當我們錯的時候，如果對方處理得巧妙而

且和善可親,我們也會承認自己的錯誤。但是,如果把難以下嚥的事實硬塞進我們的食道裡,結果就適得其反了。

　　有一次,彼得請一位室內設計師為他布置一些窗簾。等帳單送來,他大吃一驚,費用遠遠超過了他的預期。過了幾天,一位朋友來看彼得,看看那些窗簾,問起價錢,朋友知道後,面有怒色地說:「什麼?太過分了,我看他占了你的便宜。你怎麼會上當呢?」

　　真的嗎?不錯,他說的是實話。可是很少有人肯聽別人否定自己判斷力的實話。彼得開始為自己辯護。他說貴的東西終究有貴的價值,你不可能以便宜的價錢買到品質好又有藝術品味的東西。第二天,另一位朋友也來拜訪,她開始讚揚那些窗簾,表現得很有興趣,說她希望家裡買得起那些精美的窗簾。彼得的反應完全不一樣了。「說句老實話,」他說,「我自己也負擔不起,我所付的價錢太高了。我後悔訂了這些。」

　　就像詩人波普(Alexander Pope)所說的:「你在教人的時候,要讓人覺得你像若無其事一樣。事情要不知不覺地提出來,好像被人遺忘一樣。」如果你要證明什麼,就要講究方法,用若無其事的方式提醒別人。提醒他不知道的事,就像是在提醒他忘記了的事,使對方在無意中接受你的證明。

　　如果有人說了一句你認為錯誤的話——即使你知道是錯的,你若這麼說更好:「噢,這樣的!我倒有另一種想法,但

也許不對。我常常會弄錯。如果我弄錯了，我很願意被糾正過來。我們來看看問題的所在吧。」用這一類句子，會收到神奇的效果。

不要在別人面前表現自己的聰明才智，更不可推翻別人的觀點來證明自己比他聰明。這對己對人都沒有好處，只能顯示出你在做人上的愚蠢。一個真正懂得做人的人是不會做這種出力不討好的蠢事的。

愚者人笑之，聰明者人疑之。聰明而愚，其大智也。夫《詩》云「靡哲不愚」，則知不愚非哲也。

—— 《呻吟語》

深藏不露，外愚內智

成大事的人知道聰明是一筆財富，關鍵在於怎麼使用。真正聰明的、有頭腦的人會使用自己的聰明和頭腦，即做到深藏不露，不到火候時不會輕易使用，要貌似乎常，讓人家不眼紅你，最終達到成大事的目的。

箕子佯狂就是運用此計的一個典型。

殷商時期，紂王的太師箕子因無法勸說紂王放棄暴政，便佯裝痴傻。一次，紂王作長夜之飲，喝得酩酊大醉，連年月日也忘記了，便問左右的人，大家因畏懼紂王凶殘，不願

惹禍上身，都跟著說不知道。於是，紂王派人去問箕子。箕子聽了這樣一個簡單而奇怪的問題，想了一下，也說自己不知道。左右的人感到奇怪，便問箕子道：「你明明知道，為什麼也說不知道呢？」

箕子回答說：「紂王是天子，他終日沉迷酒色，連年月日都搞不清了，這說明殷朝快要亡國了。紂王身邊的人因害怕紂王凶殘無道都說不知道的事情，獨獨我說知道，那我的性命不是危在旦夕了嗎？所以，我也假裝酒醉說弄不清啊！」

當世人皆醉而一人獨醒時，這人將會永遠的孤獨。更何況，高處不勝寒，舉世皆醉又怎能容得下不醉之異徒？歷史的點點滴滴告訴我們，聰明與糊塗是相對的。不少時候，有人自恃才高，結果會聰明反被聰明誤。

在從政的過程中，在職場浮沉的過程中，切忌只知伸，不知屈；只知進，不知退；只知耍小聰明，不知深藏於密；只知自我顯示，不知韜光養晦。

「大智若愚」是在平凡中表現不平凡，在消極中表現積極，在無備中表現有備，在靜中觀察動，在暗中分析明，因此它比積極、比有備、比動、比明更具優勢，更能保護自己。

有人大智若愚，同樣也有人大愚若智，區別在於是否有自知之明。一個人不自我表現，反而顯得與眾不同；不自以為是，反而會超出眾人；不自誇成功，反而會成就大事，這

就是大智若愚。那些盲目自傲、不寬容、耍小聰明、固執己見、自以為是、好大喜功、愛出風頭的人在任何一方面都難成大事，這便是大愚若智。

常言道，難得糊塗，糊塗難得。深藏不露，大智若愚，一可防權勢顯赫者害賢之心，二可防同道之人的嫉妒之心，三可防小人的忌恨破壞之心。

性有巧拙，可以伏藏。

―― 《陰符經》

學會揣著明白裝糊塗

善於伏藏是致勝的關鍵。一個不懂得伏藏的人，即使能力再強、智商再高也難以戰勝對手，甚至還會招來殺身之禍。

日本松下電器公司（Panasonic）是一個世界性的大企業，它的產品早已舉世聞名。

松下電器公司的創辦人松下幸之助說過一句話：「百分之九十九的事我不懂。」

松下幸之助對企業的規劃，是以 50 年為一個階段，而以 5 個 50 年為目標，邁向未來。能夠思考 250 年以後的世界，這麼深刻的眼光，放眼全世界，也不多見。

深藏不露，才是真正的能耐

而能看見250年以後未來的人，居然說：「百分之九十九的事我不懂。」

他是天才，還是傻瓜？

日本有一位作家，就是受到松下幸之助這句話的感召，遂潛心研究「傻瓜哲學」。

這位作家名叫伊吹卓，他一向認為自己很聰明，可是奮鬥了半輩子，還乏善可陳。一氣之下，乾脆發明傻瓜哲學，警告大家，聰明人不會成功。要成功一定要裝傻，與其擁有小聰明，不如做個大傻瓜。研究傻瓜哲學的人，一定不是個傻瓜。

松下幸之助不懂的事，我們大概更不懂。而松下幸之助懂得的事，我們恐怕也不懂。這樣說來，我們普通人不妨學松下幸之助，說上一句：「百分之九十九點九的事我都不懂。」

做傻瓜有什麼難？

平常總聽人說：「聰明反被聰明誤。」放眼望去，人有失手，馬有失蹄，聰明人比比皆是。絕沒聽人說：「傻瓜反被傻瓜誤。」

人傻，就容易謙虛一點，小心一點。而任何人如果有自知之明，知道自己傻，當然不會犯聰明的錯誤。

聰明是好事，耳聰目明是上天賜予的稟賦。只是人的智

第三篇　大智若愚，深藏不露的智慧

力有限，從浩瀚宇宙來看，地球實在渺小，而天地萬物，生機無窮，變幻莫測，一個人所能理解的，極其有限。知道自己無知，這才是大格局的人應該做的。

大智若愚，大聰明與大智慧的人看起來可能和傻瓜差不多，因為知道自己無知，所以懂得謙卑，懂得虛心，懂得接納他人。這樣的傻瓜，是天才。或許天才與傻瓜，本來就只有一線之隔。而真正的天才，亦如真正的傻瓜，是十分稀罕的。

我們普通人，大半都自以為有點小聰明，不過距離真正的天才當然還相當遙遠。天才不易學，要是能加點傻氣，學做傻瓜，也許還容易些。而能學成傻瓜，那也差不多可以算是個天才了。

大量事實證明：毫無顧忌地賣弄聰明、恃才自傲，必然招致禍害。與之相對應的是，大智若愚反而大多能夠成事，而在修身養性方面，更值得稱道。

《三十六計》云：「寧偽作不知不為，不偽作假知妄為。靜不露機，雲雷屯也。」其意為：寧可假裝糊塗不做任何事情，也不可假作聰明而輕舉妄動。冷靜沉著，不露機鋒，好像雲雷蓄而不發一樣。要暗中謀劃，靜待時機。

時時刻刻展現自己的聰明和睿智並不一定就是好事。特別是在你實力較弱、時機尚不成熟的時候，韜光晦跡是一種

讓對方放鬆警惕的好方法，而自己則可以暗中奮發，出奇制勝。

裝糊塗也是一門處世藝術。有些大事也需要策略性地裝糊塗，但要裝得巧妙而不露聲色也不容易。

古時有「扮豬吃虎」的計謀，以此計施於強勁的敵手，在其面前盡量把自己的鋒芒收斂，「愚」到像豬一樣，表面上對對方百依百順、唯命是從，使對方不起疑心，一旦時機成熟，便果斷出手，一擊成功，這就是「扮豬吃虎」的妙用。

揣著明白裝糊塗的態度是一種做人之道，也是一種成功之道。如果總是外露鋒芒，恐怕會心生煩亂，干擾你的事業。

所以，巧妙地裝糊塗更是一種真聰明，顯示出智慧，突顯出格局，不但給各種繁雜的事情塗上潤滑油，使得其順利運轉，也能在生活中充滿笑聲，顯得輕鬆明快；相反，老實認真只會導致木呆刻板，甚至使事情陷入僵局。

學學貓頭鷹，睜一隻眼，閉一隻眼。你說我糊塗，其實我不傻！

喜怒不形於色，學會掌控情緒

御下之道，雖無過犯，不假詞色。常令其知畏。

—— 《鬼谷子》

鷹立如睡，虎行似病，正是它攫人噬人手段處。故君子要聰明不露，才華不逞，才有肩鴻任鉅的力量。

—— 《菜根譚》

呆若木雞，引而不發

鷹立如睡，虎行似病，引而不發，是最具威懾的力量。因為，別人總想像不到你會從什麼方位出劍，攻出致命的一擊。在《莊子》中，有一個成語叫「呆若木雞」，描述的正是這種境界。

有一位紀先生替齊王養雞，這些雞不是普通的老母雞，而是要訓練好去參加比賽的鬥雞。

紀先生才養了10天，齊王就不耐煩地問：「養好了沒有？」

紀先生答道：「還沒好，現在這些雞還很驕傲，自大得不得了。」過了10天，齊王又來問，紀先生回答說：「還不行，牠們一聽到聲音，一看到人影晃動，就驚動起來。」

又過了 10 天，齊王又來了，當然還是關心他的鬥雞，紀先生說：「不成，還是目光犀利，盛氣凌人。」

再 10 天後，齊王已經不抱希望來看他的鬥雞。沒料到紀先生這回卻說：「差不多可以了，雞雖然有時候會啼叫，可是不會驚慌了，看上去好像木頭做的雞，精神上完全準備好了。其他雞都不敢來挑戰，只有落荒而逃。」

這便是「呆若木雞」的出處。呆若木雞不是真呆，只是看著呆，其實可以鬥，可以應戰，可以嚇退群雞。

活蹦亂跳、驕態畢露的雞，不是最厲害的。目光凝聚、紋絲不動、貌似木頭的雞，才是武林高手。看上去好像木頭做的雞，這是鬥雞追求的最高境界。不是驕氣，不是盛氣，而是一分呆氣。

外表的活潑、逞強、伶俐，都是好的，但是還不夠，還需要不斷地磨練，把浮躁和妄動收斂起來，把力量凝聚於內，看似呆呆的，毫不稀奇，可是那些存心挑釁、爭先恐後的鬥雞，碰到一動不動卻內蘊真氣的木雞，卻根本不得近其身，對方還未出手，自己先被嚇破膽了。

「呆若木雞」的這種境界，這種情形，常讀武俠小說的人也經常能體會到：高手的比拚中，高明的劍客總是保持著靜止不動的姿勢，等待著對手的急躁與分神，靜候著對手慌亂與心態崩潰。於是，那種看似平平的一劍，一旦擊出，就有著雷霆萬鈞的力量，無可阻擋。是的，他們並不是在招式的

花哨與創新上下功夫,也不在力道上下功夫,他們著意在練劍意,制人於先機。

那種持劍不動的堅定,所展現出的壓迫力量,令對手不堪承受。所以,兵法曰:「不戰而屈人之兵,善之善者也。」就是因為那種蓄勢待發的威勢,令對手膽寒。而當戰爭一旦爆發,那種緊張便不復存在,雙方也就互不畏懼,一切都變得透明與可見,實力也就在心中有數了,如何出招各自也就坦然面對了。

將欲歙之,必固張之;將欲弱之,必固強之;將欲廢之,必固興之;將欲奪之,必固與之。

——《道德經》

能忍善藏,靜待時機

事情未發之前,「靜不露機,雲雷屯也」,冷靜沉著,不露機鋒,好像雲雷蓄而不發,其實都是在暗中觀察、謀劃,靜待最佳時機的到來。而一旦時機成熟,萬事俱備,就要及時出手,以迅雷之勢,直撲目標。有如霹靂,劃亮整個夜空;有如驚雷,讓人不及掩耳。

春秋初年,鄭武公去世後,太子即位,他就是鄭莊公。鄭莊公出生時,因腳在先,頭在後,讓母親武姜幾乎難產喪命,所以武姜十分討厭他,而偏愛他的胞弟共叔段。兄弟倆

喜怒不形於色，學會掌控情緒

長大之後，武姜曾幾次請求立共叔段為太子，但武公礙於祖制，沒有答應。對於這事，武姜和共叔段一直心懷不滿，所以武公一死，他們便加緊了奪權步伐。

開始，武姜以母親的身分為共叔段要求封地，要求莊公把制邑封給共叔段。制邑是軍事要塞，莊公沒有答應；武姜就又替共權段要求易守難攻的京城，莊公只好答應了。

共叔段一到京城，就加高加寬城牆。鄭國大臣們對此意見紛紛，負責國家禮制的大臣對莊公說：「對於都邑城牆的高度，先王都有規定。如今共叔段不按規定修城，您應及時阻止他，以免後果難以收拾。」莊公何嘗不明白這個道理，只是他心裡另有打算，所以說：「我母親希望這樣，我又有什麼辦法呢？」

共叔段見莊公沒有對自己採取限制措施，便更加放肆起來，下令西部、北部邊陲守軍聽命於自己，並私自占領了周圍的城邑來作為自己的封地。這種舉措使鄭國將士們憤憤不平。大將公子呂對莊公說：「應及早下手制止他，否則軍隊慢慢就會被他掌握了！」鄭莊公還是不緊不慢地說：「用不著。不仁不義的事做多了，就會自取滅亡。」共叔段看到哥哥還沒有反應，更加肆無忌憚起來，聚集糧草，擴充步兵和車卒。還暗地準備攻打莊公的國都，並約好了母親作為內應。這下舉國上下的百姓都義憤填膺。

這時，莊公派人探聽到共叔段起兵的日期後，便說：「時機到了！」於是立即調派公子呂率領兩百輛戰車攻打京城。京城軍民紛紛倒戈，而共叔段卻沒有做好防護的準備，只好

第三篇　大智若愚，深藏不露的智慧

撤退，跑到鄢城。莊公派大將打到鄢城。共叔段只好逃亡到外國去了，不久即被逼自殺。

對付一般敵人，只要自己實力上不處劣勢，就好對付。但鄭莊公的敵人不是別人，卻是他的生母和胞弟。這就讓他有些犯難了。用什麼方式與他們競爭才好呢？

鄭莊公高明之處，在於其遇事能忍善藏。當他的母親姜氏與胞弟共叔段串通一氣，給他多方製造麻煩的時候，他能做到隱忍不發。共叔段想占好的地方，他就把共叔段分封到京地；共叔段貪欲不足，大修城邑，圖謀不軌，他也能克制隱忍，裝出一副漫不經心的樣子，藏起自己的智慧和意圖。如此這般，使得他的胞弟對自己產生錯誤的判斷，錯把自己表現出的妥協退讓誤認為是懦弱無能，於是步步進逼。

這樣一來，一是使胞弟低估莊公的實力而疏於防範，二是讓他一步深一步地暴露自己的弱點，向世人昭顯那足以致命的滔天罪行。如此，自己既能一出手就可輕鬆地置對手於死地，又能不使自己背上「不孝不悌不仁」的罪名，反而會贏得「大義滅親」的聲譽。

能忍善藏之後，第二步便是抓住最佳時機，該出手時就出手。一旦時機到來，便以迅雷之勢出手，重拳出擊，讓對手再無翻身之時。鄭莊公在胞弟逼宮問題上的隱忍，說到底不是單純的隱忍或退讓，而屬於韜光養晦，不願過早地和對

手攤牌。如果早早動手，就是抓住了胞弟也不能將他處以死罪，留下無窮後患。所以，鄭莊公在確定最適當時機之後，給予對手以迎頭痛擊：「克段於鄢」，一舉滅掉因內動亂的禍根。

這樣的歷史故事告訴我們一個常理：不管是工作還是生活中，若是與他人競爭，時機不利，要能忍善藏；一旦時機成熟，該出手時就出手，不要拖延，也不要含糊。否則，便會如古人所言：「當斷不斷，自取其亂。」

正所謂：「真功夫不可告人，自有其理由。」有時是時機不成熟，必須像獵人一樣耐心潛伏著，等待獵物出現；有時是為了讓對手充分表演，徹底地暴露出他的全部招數，然後再抓住其要害給予致命打擊，讓他領略後發制人的厲害。

多言數窮，不如守中。

——《道德經》

沉默是金，莫逞口舌之快

逞口舌之欲，真的不是一件好事，有「心計」的人都會慎言畏出，緘默守聲，不隨意表達自己的心聲和對外界事物及其他人的看法。

夏允彝在《倖存錄》中記載：

第三篇　大智若愚，深藏不露的智慧

　　一天，某旅店裡有五個人在一起飲酒，其中一個姓徐的術士說魏忠賢作惡多端，不久肯定會倒臺。另外四人有的沉默，有的害怕，有的勸他說話要慎重，不然會招來災禍。那人大聲說：「魏忠賢雖然專橫，他總不能把我剝皮，我怕什麼！」

　　夜裡，眾人熟睡，忽然門被推開，闖進來幾個人，把那位隨口說大話的人逮走了。不一會兒，又把一同飲酒的另外四個人帶到一處衙門，先被捕的那人一絲不掛躺在那裡，手腳都釘在門板上，堂上高坐著魏忠賢。他對那四個人說：「這位說我不能剝他的皮，今天不妨試一試。」就命令手下人取來熔化的瀝青澆在那人身上，過一會兒瀝青冷卻凝固，用錘子敲打，只見瀝青和人皮一齊脫掉，形成一副完整的人的皮殼。那四個人嚇得半死，魏忠賢賞給他們每人五兩銀子壓驚，把他們放走了。

　　喜歡表達自己的見解是人的一種偏好。有教養、沒教養的人，有知識、沒知識的人，見過世面、沒見過世面的人，都愛如此。發生了一件事情，我們喜歡議論；看了一部電影，我們喜歡評論；有什麼與我們利益相關的事，我們更是滔滔不絕地說個沒完沒了；如果有人請教我們，我們更當仁不讓地做激情洋溢的演說。有時我們偏執到像故事中那個姓徐的術士一樣，不知安危得失只圖嘴巴說得快活，結果給自己惹來殺身之禍。

　　下面我們來看看口舌表達（讚賞、反對，說得對或說得

不對)有哪些惹火燒身的地方：

（1）你的見解意在闡明你的某種主張。你明確地表達你的主張，在很多情況下不僅無益，還十分危險。這無異於你把自己赤身裸體地暴露在他人面前，讓人們從任何地方都可以準確無誤地攻擊你。這對你的打擊將是致命的，而他人又不會有太大的危險。雖說直陳你自己，也能為你吸引意氣相投者，也能表明你的一種天地正義，但就個人來說，太暴露自己的確不是上策，它給自己帶來的益處遠遠小於它將給自己帶來的禍害。

因為人群複雜，把自己置身在不明底細的環境中，自己在明處，人家在暗處，你哪能占到什麼便宜呢？而且從哪裡飛來的橫禍或什麼人將與你作對，你都渾然不知。因此，在一個不明根底的場合中，輕易地暴露你的身分、主張和想法，這是十分危險和不明智的。要學會含而不露，模糊主張，這樣才能較少樹敵，爭取更大的外圍基礎和內圍力量。

（2）你的見解意在讚賞他人的觀點、身分或主張。讚賞他人，雖說不會讓他人直接感到反感，但讚賞的方式和內容也智愚有別，使用的場合不盡相同，也言而有別。因此，讚賞他人也並不一定就能得到他人的讚許和好感。比如你很不會說話，對人家的讚美誇錯了地方，猶如拍馬屁拍到了馬腿上，馬沒有給你一個吻，卻蹬給你一個馬蹄子。

第三篇 大智若愚，深藏不露的智慧

又如你身分太低，見識太少，你想對主管拍馬屁，卻用了對平輩的讚賞標準（甚至你根本沒有資格對一個遠遠在你身分之上的大人物誇獎褒譽）。這些都會使人接受不了你的讚賞，甚至會感到反感。誰知道自己有沒有讚賞他人的能力和資格呢？看來誇誇別人，也不是隨口就能做到的。而且，讚賞也表達了你的一種態度，會與和你意見相左的人結仇。

（3）你的見解意在反對他人的觀點、身分、主張。反對他人，當然更不會有人會感謝你了。像虛心納諫的唐太宗這樣的人畢竟是鳳毛麟角。一般的人哪有虛心待人的氣度呢？如果你有，你也就不會言之鑿鑿地譏刺他人了。也許在給他人提出反面意見時，你只是一時熱情，一種見解，並沒有太深的考慮。

第四篇

柔能克剛，以退為進

善為士者，不武；善戰者，不怒；善勝敵者，不與；善用人者，為之下。

―― 《道德經》

第四篇　柔能克剛，以退爲進

水滴穿石，柔韌比剛強更有力量

善將者，其剛不可折，其柔不可卷，故以弱制強，以柔制剛。

——《將苑》

柔勝剛，訥止辯，讓愧爭，謙伏傲。是故退者得常倍，進者失常倍。

——《呻吟語》

善用溫柔這一法寶

在生活中，人們常能感覺到溫柔那無孔不入的巨大力量，能如水一般浸透對方乾涸開裂的心田。外柔內堅的溫柔乃是人們，特別是女人無形而強大的力量。而對於災難、仇隙、怨恨、盛怒、冷漠等問題而言，溫柔更能展現強大的力量。

林欣是一家報社的記者，平時工作很忙，每天回家很晚，慢慢地，夫妻間的交流越來越少了。

一個週末，林欣難得休息一回，就下廚做了幾個好菜。一家人正其樂融融地吃著飯，兒子點點忽然說：「媽媽，今天也是週末，小荷阿姨怎麼就不來玩了呢？」

原來丈夫公司新來的一個女大學生經常過來和他們的兒

> 水滴穿石，柔韌比剛強更有力量

子一起玩。林欣心裡不禁一陣翻江倒海，心想：好啊！我為這個家忙裡忙外，對丈夫又如此信賴，可他卻……

真想大吵一通，要不乾脆離婚算了。

但冷靜下來後，她不禁反省了一下自己：是啊，自己總是在外忙碌，對家庭照顧不夠，何況現在也不能肯定他們之間的關係，如果就這樣鬧起來，倒顯得自己氣量太小。

想到這，她沒有繼續追問下去，只是哄著兒子說：「小荷阿姨也許忙呢，我們下回請小荷阿姨來玩，好嗎？」

晚上睡覺時，林欣偎在丈夫胸前，輕輕說：「我經常外出採訪，讓你一人在家帶孩子做家務，太難為你了，你很多時候一定很寂寞，就像我在外孤零零也很寂寞一樣。只有像現在這樣我才覺得好踏實，沒有你的支持，我的工作肯定做不好。」丈夫一聲不吭，憐愛地撫摸著林欣的頭。「週末我們請小荷來吃飯吧，我想她一定是個很可愛的女孩，我也很想認識她。」

週末，小荷來了，林欣進行了熱情的款待。臨走時，林欣特意把她送到樓下，拉著她的手說：「我經常外出採訪，對家裡缺乏照顧，多謝你經常來帶我們孩子玩，也幫著照顧我先生。你這樣溫柔可愛的女孩，不知道哪個年輕人有這份好福氣娶到你。好了，不遠送你啦，有空歡迎你常來我們家玩。」小荷聽了，又是感激又是慚愧。

後來，小荷找了個非常體貼的男朋友，他們與林欣夫婦也成了好朋友。

第四篇　柔能克剛，以退為進

　　林欣沒有和丈夫大吵大鬧，而是給丈夫更多的溫柔，體貼入微，使本來面臨危機的夫妻關係歸於融洽。

　　戀愛、婚姻、家庭中出現矛盾是常有的事情，夫妻吵架更是常見。有些家庭甚至一日一小吵，三日一大吵。其實，這是夫妻倆不大懂得溫柔的結果。一旦出現吵架情況，雙方都要善於克制忍耐，懂得退讓；而吵架過後，也要主動求和，要掌握一些求和的技巧，並設法融入溫柔如水之情。

　　溫柔相待，正是處理家務瑣事的和諧法寶。家庭無是非，婚姻家庭中大多數問題，都可歸結為不知溫柔，或是溫柔不夠。

　　你還應明白，對喜歡斥責你的父母、囉哩囉唆的妻子，或者離心離德的丈夫，你是無法用強硬的態度使其改變意見的。對這些人，我們雖不能用強迫或命令的方式讓他們同意你的意見，但我們可以用婉轉友善的方式去誘導他們，以達到讓他們心服口服的目的。男人對於女人的溫柔，是又「怕」又喜；女人對於男人的溫柔，也是又喜又「怕」。

　　天下之至柔，馳騁天下之至堅。無有入無間。吾是以知無為之有益。不言之教，無為之益，天下希及之。

── 《道德經》

> 水滴穿石，柔韌比剛強更有力量

水可穿石，柔亦是剛

柔弱是「道」的作用方式，看似柔弱的東西往往蘊含了十分強大的力量，這種力量可以把看似很強大的東西打敗。比如水是天下最柔弱的東西，但能騰躍穿行於天下最堅硬的東西中。所以在自己力量不足的時候，可以考慮用「以柔克剛」的方式來解決困難，不要以硬碰硬。

有一個人在社會上總是落魄，不得意，便有人向他推薦去找一位智者。

他找到那位智者。智者沉思良久，默然舀起一瓢水，問：「這水是什麼形狀？」這人搖頭：「水哪有什麼形狀？」智者不答，只是把水倒入杯子，這人恍然大悟似的說：「我知道了，水的形狀像杯子。」智者沒有回答，又把杯子中的水倒入旁邊的花瓶，這人又說：「我又知道了，水的形狀像花瓶。」智者搖頭，輕輕提起花瓶，把水輕輕倒入一個盛滿沙土的盆。清清的水便一下溶入沙土，不見了。

這人陷入了沉思。

智者低身抓起一把沙土，嘆道：「看，水就這麼消失了，這也是一生！」

這個人對智者的話咀嚼良久，高興地說：「我知道了，您是透過水告訴我，社會處處像一個個規則的容器，人應該像水一樣，盛進什麼容器就是什麼形狀。而且，人還極可能在一個規則的容器中消失，就像這水一樣，消失得無影無蹤，

第四篇　柔能克剛，以退爲進

而且一切無法改變！」這人說完，緊盯著智者的眼睛，他急於得到智者的肯定。

「是這樣。」智者拈鬚，轉而又說，「又不是這樣！」說畢，智者出門，這人隨後。在屋簷下，智者蹲下身，手在青石板的臺階上摸了一會兒，然後頓住。這人把手指伸向剛才智者手指所觸之地，他感到有一個凹處。他迷惑，他不知道這本來平整的石階上的「小窩」藏著什麼玄機。

智者說：「一到雨天，雨水就會從屋簷落下，看，這個凹處就是水落下長期打擊造成的結果。」

此人遂大悟：「我明白了，人可能被裝入規則的容器，但又像這小小的水滴，改變著堅硬的青石板，直到破壞容器。」

智者說：「對，這個窩會變成一個洞！」這個人答：「那麼，我找到答案了！」

智者不語，用微笑和沉默與這個人對話；這人離開了智者，重新回到了社會，他用行動與智者對話。這世間又多了一個充滿活力的人。

我們每個人之於社會，猶似一滴水，要像水適應容器一樣適應社會，又要具備滴水穿石的恆心與毅力，只有這樣才能有所作為。

百戰百勝，非善之善者也；不戰而屈人之兵，善之善者也。

—— 《孫子兵法·謀攻》

> 水滴穿石，柔韌比剛強更有力量

不戰而屈人之兵

賽典赤·贍思丁，又名烏馬兒，回族人，別庵伯爾的後裔。至元十一年（西元1274年），元世祖忽必烈委任他為雲南行省平章政事。

贍思丁在雲南以撫綏的手段收服了當地土吏，以其寬宏大度和雄才大略，團結友人，分化瓦解敵陣，盡量把他們爭取過來。為了改善和交趾王國的關係，他派人去遊說交趾王，曉之以逆順禍福之理，交趾王深受感動，親自來訪雲南，建立了很好的邦交關係。

據記載，贍思丁受命去征討羅盤甸叛亂時，他所率部已經把羅盤甸團團圍住，叛亂部實際上已處於束手待俘的狀況。然而贍思丁亦以寬厚仁慈感動羅盤主請降，從而用和平的方式解決了邊疆的動亂。贍思丁為官清正廉明，凡有少數民族領袖人物來獻禮物時，他總是把這些禮物轉贈下屬或施與貧民，從不肯留作私用。並以酒食犒勞這些領袖人物，團結籠絡了一批少數民族上層人士。

贍思丁的智謀表現，大都不如軍事上的計謀那樣，如借刀殺人、引蛇出洞、佯攻佯退、誘敵深入等那麼直觀，他的智謀旨在攻心，化解矛盾，盡可能地把對手拉到自己這邊來，使之不攻自破。征討叛亂一事就充分顯示了他巧用攻心計謀的才能。其時，叛軍已被圍住，但他首先伸出的不是拿

第四篇　柔能克剛，以退爲進

槍的手，最後未流一滴血就解決了動亂問題，發揮了用軍事手段不可能起到的效果。

爭取對方的心，是人性叢林中必不可少的原則。因為強迫別人的意願到頭來會對你不利，你必須誘導別人自願按著你的意願移動，受你誘導成功的人將會成為你忠實的幫手。而誘導別人的方式就是掌握他們個人的心理和弱點，在他們的情感上下功夫，軟化他們的抗拒心理，使他們更熱衷於臣服你。

如果想在這個社會上與別人圓潤相處，正確的做法是隨時隨地關照身邊的人，衡量他們特殊的心理，剪裁你的修辭，好誘惑和吸引他們。

因為無論是職場還是商場上，你周圍的人沒有理由要幫助你，除非關係到他們自身的利益。如果你不能夠滿足他們，他們很可能就會對你產生敵意。因為他們會覺得不過是多了個競爭對手，多一名浪費他們時間的人。

要想克服這種普遍的冷漠，就得找到鑰匙打開陌生人的情感與心靈，把他吸引到你的角落，必要時要軟化他。但是大多數人從來沒有學會這種世故做人的技巧，在他們遇到生面孔時，不會退後一步探測對方的獨特之處，只會談論自己，急於加強自己的意志，他們爭辯、吹噓，展現自己的權力，他們或許不知情，但是已經製造了敵人和反對者，因為

再也沒有比個性受到忽視，心裡得不到認可更令人惱怒的事，那會讓人覺得失去價值而憤慨。

所以請記住：說服的關鍵在於軟化對方，讓他們輕輕柔柔地被瓦解。你可以在他們的情感上下功夫，同時抓住他們心智上的弱點；你還要靈敏地觀察他們和其他人不同的地方（他們的個人心理狀態），以及知道他們與其他人的共同之處（他們的基本情緒反應），然後瞄準人類根本的情緒——愛、仇恨與忌妒。一旦你打動了他們的情感，就削弱了他們的控制力，讓他們變得比較脆弱，容易被說服。將這條法則發揮極致的最好方法，就是戲劇性的衝擊。比如對待俘虜：俘虜們只能期待最糟糕的命運，如果你不但款待他們，之後還予以釋放，他們定會大受感動。如果他們原以為會痛苦，你卻給予歡樂，你就能贏得他們的心。事實上，創造任何一種形式的歡樂，往往會帶給你成功，就像減輕恐懼或是提供安全一樣。

要爭取對方的心，最迅速的方法就是盡量以最簡單的方式向他闡明你的行動如何讓他受惠。自我利益是最強烈的動機，偉大的主張或許會擄獲人心，然而一旦最初的激動平息後，利益就成為旗幟，所以自利是比較穩固的基石。另外，最有效的動機，就是利用高貴的粉飾來遮掩顯而易見的自利訴求，用大義來誘惑，但是隻有自利才能保障交易。

第四篇　柔能克剛，以退為進

　　在你所有的會戰中，要退後一步，花時間去籌劃並且迎合對方的情緒波動和心理弱點，因為武力只會增強他們的反抗。對大多數人而言，心才是關鍵：他們就像孩子，受到情緒支配，要使他們被軟化，以慈悲替代嚴酷，掌握他們的基本恐懼，以及喜好等，一旦你爭取到他們的心，你就會擁有終生的朋友和忠誠不貳的盟友。

面對困境，要有一顆柔韌之心

　　而世之奇偉、瑰怪，非常之觀，常在於險遠，而人之所罕至焉，故非有志者不能至也。

　　　　　　　　　　　　　　——《遊褒禪山記》

　　天將降大任於斯人也，必先苦其心志，勞其筋骨，餓其體膚，空乏其身，行拂亂其所為，所以動心忍性，增益其所不能。

　　　　　　　　　　　　　　——《孟子·告子下》

你不是玻璃，別那麼脆弱

　　一個人若想成功，不可避免地要面對一些現實的問題。

　　不要像玻璃那樣脆弱，而應像水晶一樣透明，太陽一樣輝煌，蠟梅一樣堅強。

　　從前，在中東地區有個小國，由於眾多小國之間經常發生戰爭，因此這個小國常常會抓獲其他小國的一些俘虜。為了震懾敵國，這個國家的國王在對俘虜行刑時常常會使用一些奇特的手段。

　　一次，一個俘虜被告知第二天將被處以極刑，行刑的方式是在他手臂上割一個口子，讓他流盡鮮血而亡。俘虜驚恐之至，百般哀求，但無濟於事。

第四篇　柔能克剛，以退爲進

次日一早，俘虜就被帶到一個房間裡，然後被鐵鏈子鎖在一堵牆上，牆上有個小孔，剛好可以把一條手臂伸進去。劊子手把他的一條手臂從孔中穿過，在牆的另一邊，用刀子在俘虜的手上割開一個口子，在他這隻手的下邊放著一個瓦罐用來盛滴下來的血。

當時俘虜慘叫一聲，隨後便聽到「滴答，滴答」的聲音，血一滴滴地滴在瓦罐中，四周靜極了。

牆這邊的俘虜就這樣靜靜地聽著自己的血一滴一滴地滴在瓦罐中，他覺得渾身的血液都在向那條手臂湧去，越來越快地流向那個瓦罐。他害怕極了，渾身都在止不住地顫抖，不一會兒，他的意志也徹底崩潰了，他無力地癱軟下來，竟然死了。

其實，在牆的另一邊，他手上的那個小口子早就止住了血。劊子手身邊的桌子上放著一個大水瓶，水瓶中的水正通過一個細小的滴管滴在那個俘虜手臂下的瓦罐中。

不是別人殺死了俘虜，而是他那脆弱的心殺死了他自己。

人是應當自尊自愛的，從心理學上講，自尊也是人格的一部分。但是，自尊也有其限度。這種限度並不是由自尊本身決定的，而是由自尊在其他人類現象中的位置和相互關係決定的。

把自尊不適當地放在首要的、凌駕於一切的位置上，顯然要破壞它與其他事物之間和平相處、共同發展的和諧關係，造成種種損害。這種損害最終會體現在，為了保全面子

付出了巨大的代價，反而損害了自己的正當利益。

在這方面，老實人的尊嚴感就超過了正常的限度，顯得有些過分的強烈和敏感了。有些老實人，只要你能滿足其虛榮心和表面上的尊嚴，即使你對其利益有所侵犯，他也能夠接受；但是如果你出於好心卻又言行不謹，冒犯了他心中那根敏感的神經，使其面子受損，他就會懷恨在心甚至是反目成仇。

老實人的尊嚴感為什麼那樣敏感而強烈，這是有其心理原因的。老實人在長期以道德為核心的教育中已形成了尊嚴不可侵犯的心理定式，一旦現實生活與書本宣揚的東西發生了衝突，自尊並不那麼容易實現，就覺得受不了，反應失當。

很顯然，總是以道德的眼睛視人視物，老實人的自尊心怎麼能不草木皆兵呢！這就導致老實人的格局小，心理空間缺乏應有的彈性和適應性，遇見問題往往鑽牛角尖，想不開，結果自己覺得受了傷害，又傷害了與別人的關係。

另外，老實人在現實生活中往往是弱者，他們不願爭或爭不到世俗社會中的各種被視為是成功象徵的東西（如權力、財富和名聲）。這樣，自尊便成為其心理平衡的一個重要籌碼。當自尊成為一個人心理防線上的最後一個可以憑藉的堡壘時，它就變得十分重要，任何小小的觸動都可能會造成很大的心理波瀾，引起過度反應。

老實人往往把自尊與利益對立起來，分割開來，這實在

是一種大誤解,更是對尊嚴內涵認知上的一種無知。其實,尊嚴總是與一定的物質基礎相對應的。當一個人沒有足夠的實力而又不注重增強自己的實力時,別人即使給你面子,也是假的,因為那個面子遠遠大於你的實際實力。

如果你能夠學會不斷地累積自己的實力,學會汲取更多的能量,你就可以形成一種不被人忽視的影響力,到那時,別人就必須給你面子,而且是真的尊敬。只有在這時,人的尊嚴才能被真正的滿足和實現。也就是說,人的尊嚴往往要透過面子的有無、大小及長短來體現,而面子的有無、大小及長短又要依賴於利益的累積作為後盾。大凡事業有成而最終成名者,皆是如此。

恩裡由來生害,故快意時須早回頭;敗後或反成功,故拂心處莫便放手。

——《菜根譚》

失敗不過是下次成功的起點

當意外的苦難向我們襲來時,當我們被憂愁壓得無暇喘息時,不要懼怕,伸出手,撥開心頭上的那團雲霧,像撥開浮在水面上的水草,這時候天上的太陽,自然就會亮亮地照進我們的心田。

一天傍晚,一位美麗的少婦正坐在岸邊的一棵大樹旁,

面對困境，要有一顆柔韌之心

梳洗著自己的頭髮，一位老漁夫正在湖邊泛舟打魚，這正好構成了一幅美麗的風景畫。可是，正當漁夫撐船準備划向湖心時，只聽身後傳來撲通一聲，老漁夫回頭一看，原來是那位美麗的婦人投河自盡了。老漁夫急忙調轉船頭，向岸邊划去。老漁夫費盡周折，救起了尋短見的婦人。

「你年紀輕輕的，為何尋短見？」漁夫問。

「我結婚才剛剛兩年，丈夫就遺棄了我，接著孩子又病死了，我無依無靠，也沒有什麼精神寄託了，您說，我活著還有什麼樂趣？」少婦哭訴道。

「兩年前你是怎麼生活的？」漁夫問。

少婦的眼睛亮了：「那時我自由自在，無憂無慮，生活得無比幸福……」

「那時你有丈夫和孩子嗎？」「當然沒有。」

「可是現在，你同樣是沒有丈夫和孩子呀！你不過是被命運之船又送回了兩年前，現在你又自由自在，無憂無慮了。記住！孩子，有些結束對你來講應該是一個新的起點。」

少婦仔細想了想，猛然醒悟，她回到了岸上，望著遠去的老漁夫，她心中又燃起了新的生活希望。當然，她從此再也沒有尋過短見。

只要我們選擇堅強，即使失敗一千次，我們還可以在第一千零一次爬起來，最後，成功一定非我們莫屬。

我們每一個人頭腦中都應該充滿積極和勇敢，絕不讓挫折將自己擊倒。對我們而言，挫折不過是人生的一個組成部

第四篇　柔能克剛，以退爲進

分，是攀登高峰時必須經歷的有益訓練。

走向失敗的人，每逢挫折總是武斷地認為「我是個百無一用的廢物」，而不去積極打開就在眼前的一扇新窗子，結果卻錯失良機。因而，走向失敗的人，其實是因為喪失了一個又一個的機會，故而人生道路艱難而殘酷。

很多人整天抱怨條件比別人差，運氣沒有別人好，沒有出生在好的家庭裡……其實，這些都不足以限制你成為一個成功的人。主要還在於你的格局和想法，是你把自己限制在一個小格局裡。成功和失敗沒有不可踰越的鴻溝，只要你的人生有過成功，失敗就並不可怕。人的一生有燦爛，也有陰雲密布。然而心靈是脆弱的，偶爾的風吹雨淋，也會使自己覺得碰上了世界末日。可是，當你在風雨的搖曳中穩穩地站定之後，看到的陽光依舊是那樣的燦爛，每一天依舊充滿著希望。

因此，當別人低估你時，你能否證明給他看：他錯了！暫時的低落並不能說明什麼，將來總有一天你會大鵬展翅，擊水三千里。實際上，人生的競賽並不亞於一場馬拉松賽跑，長跑中最為關鍵的是耐力，那些躋身第一排的起跑者，往往並不是最先到達終點的人。

古之立大事者，不唯有超世之才，亦必有堅忍不拔之志。

——《晁錯論》

面對困境，要有一顆柔韌之心

像蟑螂一樣堅韌地活著

蟑螂是令人討厭的東西，但牠到處都有，打了一隻，待會兒又出來一隻，有縫就鑽，有洞就躲，連殺蟲劑對牠們也常常無濟於事！據研究，蟑螂是和恐龍同期的昆蟲，可是恐龍都死光了，蟑螂卻仍在地球上存活，並且大量繁衍。曾有文章介紹說：蟑螂可以在最惡劣的環境中生存，只要那麼一小滴水，牠就可以活下來。蟑螂這種頑強的生存能耐是自然演化的結果。

人如果也有蟑螂的韌性，還有什麼坎是不能過的呢？

人一生當中會碰上很多不如意的事，這些不如意有很多種，例如生意失敗、情場失意、不得志、被羞辱、工作不順、家道中落等。而依各人承受程度不同，這些不如意也會對各人造成不同的壓力與打擊。有人心如止水，根本不在乎，認為這只是人生中必然會碰到的事；有人很快就可以掙脫沮喪，重新出發；但也有些人只被輕輕一擊就倒地不起，一蹶不振了。

不管你遭到的不如意程度如何，只要你在主觀感受上已到了沮喪、消極、痛苦或幾乎要毀滅的地步，那麼我要告訴你的就是：像蟑螂一樣地活著。

也就是說，在這種時候，你不要去計較面子、身分、地位，也不要急著出頭。這種日子很容易讓人沉不住氣，但只

要沉得住氣,只要「存在」,就有希望,就有機會。

換句話說,對不如意的事更能悠然面對,能屈能伸;陰暗的日子能過,風雨的日子能過,人到了這種地步,還有什麼事能為難他?所以,不要做恐龍,去學蟑螂吧!尋找屬於自己的那片天。

不管你生活中有哪些不幸和挫折,你都應以歡悅的態度微笑著對待。下面介紹幾條原則,只要你反覆地認真執行,就可能減輕或者消除你的煩惱。

1. 不要把眼睛盯在「傷口」上

如果某些煩惱的事已經發生,你就應正視它,並努力尋找解決的辦法。如果這件事已經過去,那就拋棄它,不要把它留在記憶裡。尤其是別人對你的不友好態度,千萬不要耿耿於懷,更不要說:「我總是被人誤解和欺負。」當然,有些不順心的事,也可以適當地向親人或朋友吐露,可以減輕煩惱造成的壓力,這樣心情會好受一些。

2. 放棄不切合實際的希望

做事情總要按實際情況循序漸進,不要總想一口吃個胖子。金錢、權力、榮譽這類東西獲得越多,欲望會越大。這是一種無止境的追求。

3. 悉心享受生活中的每一次小小的喜悅

歷史學家威爾‧杜蘭特（Will Durant）希望在知識中尋找快樂，卻只找到幻滅；他在旅行中尋找快樂，卻只找到疲倦；他在財富中尋找快樂，卻只找到紛亂憂慮；他在寫作中尋找快樂，卻只找到身心疲憊。有一天他看見一個女人坐在車裡等人，懷中抱著一個熟睡的嬰兒。一個男人從火車上走下來，走到那對母子身邊，溫柔地親吻女人和她懷中的嬰兒，小心翼翼地生怕驚醒他。然後這一家人開車走了，留下杜蘭特深思地望著他們離去的方向。他猛然驚覺，原來日常生活的一點一滴都蘊藏著快樂。

4. 要朝好的方向想

有時，人們變得焦躁不安是由於碰到自己無法控制的局面。此時，你應承認現實，然後設法創造條件，使之向著有利的方向轉化。此外，還可以把思路轉向別的什麼事上，諸如回憶一段令人愉快的往事。

生活是一面鏡子，你對它笑，它就對你笑；你對它哭，它也對你哭。

第四篇　柔能克剛，以退為進

第五篇

忍一時，贏未來

> 富者能忍保家，貧者能忍免辱，父子能忍慈孝，兄弟能忍意篤，朋友能忍情長，夫婦能忍和睦。
>
> ——《六忍歌》

第五篇　忍一時，贏未來

發怒時，學會控制情緒

衝繁地，頑鈍人，紛雜事，遲滯期，拂逆時，此中最好養火氣。若決裂憤激，悔不可言；耐得過時，有無限受用。

—— 《呻吟語》

善為士者不武，善戰者不怒，善勝敵者不與，善用人者為之下。

—— 《道德經》

注意控制情緒

人的一生當中會遇到很多問題，也會遇到很多挫折，一個隨意讓情緒「噴」出來而不能自控的人，一定與成大事無緣。只有學會自制和忍耐，控制自己的情緒，保持平穩的心態，才能客觀地把問題解決，才能攀上勝利的巔峰。

新一屆競選又開始了，一位準備參加參議員競選的候選人向自己的競選顧問們討教如何獲得多數人的選票。

其中一個顧問說：「我可以教你些方法。但是我們要先定一個規則，如果你違反了，要罰款10元。」

候選人說：「行，沒問題。」「那我們從現在就開始。」「行，就現在開始。」

發怒時，學會控制情緒

「我教你的第一條方法是：無論人家說你什麼壞話，你都得忍受。無論人家怎麼損你、罵你、指責你、批評你，你都不許發怒。」「這個容易，人家批評我，說我壞話，正好給我敲個警鐘，我不會記在心上。」候選人輕鬆地答應道。

「你能這麼認為最好。我希望你能記住這個戒條，要知道，這是我教給你規則當中最重要的一條。不過，像你這種愚蠢的人，不知道什麼時候才能記住。」

「什麼！你居然說我……」候選人氣急敗壞地說。「拿來，10塊錢！」

雖然臉上的憤怒還沒褪去，但是候選人明白，自己確實是違反規則了。他無奈地把錢遞給參謀，說：「好吧，這次是我錯了，你繼續說其他的方法。」

「這條規則最重要，其餘的規則也差不多。」「你這個騙子……」

「對不起，又是10塊錢。」參謀攤手道。

「你賺這20塊錢也太方便了。」

「就是啊，你趕快拿出來，你自己答應的，你如果不給我，我就讓你臭名遠揚。」

「你真是隻狡猾的狐狸。」

「又10塊錢，對不起，拿來。」

「呀，又是一次，好了，我以後不再發脾氣了！」

「算了吧，我並不是真要你的錢，你出身那麼貧寒，父親也因不還人家錢而聲譽不佳！」

第五篇　忍一時，贏未來

「你這個討厭的惡棍。怎麼可以侮辱我家人！」

「看到了吧，又是10塊錢，這回可不讓你抵賴了。」

看到候選人垂頭喪氣的樣子，顧問說：「現在你總該知道了吧，克制自己的憤怒，控制情緒並不容易，你要隨時留心，時時在意。10塊錢倒是小事，要是你每發一次脾氣就丟掉一張選票，那損失可就大了。」

古往今來，成功通常皆是成於能忍耐，有自制力的人。誠然，那些能夠忍住一時情緒的人，確實要比情緒容易衝動的人能夠擔當較重大的責任與職務。

那麼，怎樣才能避免因一時情緒化而產生的不良後果呢？

美國第三任總統傑佛遜（Thomas Jefferson）曾經說過：當你動怒的時候，在講話前從一數到十；當你激憤時，先從一數到一百。只有這樣，才可能讓那些嘮叨的父母、聒噪的妻子、挑剔的老闆和喜歡吹毛求疵的人平靜下來，我們的耳根才能得到清淨，社會也才能減少許多的事端。

血氣沸騰之際，理智不太清醒，言行容易逾分，於人於己都不相宜。

—— 梁實秋

別在憤怒時做決定

上帝要毀滅一個人，必先使他瘋狂。

從前，國王與隨從們到森林中去打獵，並且還帶著一隻強悍威武的老鷹，這隻老鷹被訓練出來專門打獵。只要國王一聲令下，牠就會飛向雲端，向下四處尋找獵物。如果碰巧發現鹿或是兔子，牠就會快速地撲上去，將其擒住。

這天，國王的運氣並不好，他與大家走散了，天氣又很熱，國王覺得十分口渴。他找來找去好不容易找到一處山泉，而且是一滴一滴地從岩石縫中滴出來的。

國王從馬背上跳了下來，從袋子裡取出一個小杯子，去盛接那慢慢滴落下來的水珠。國王花了很長時間才將杯子裝滿，他迫不及待地把嘴湊到杯邊。就在這個時候，天空中突然傳來呼呼的聲音，接著，他的杯子就被打翻了，水潑灑在地上，倏地就滲入地縫裡。國王抬頭一看，原來是他養的老鷹。

國王撿起杯子，又繼續接落下的水滴。他還沒有接到半滿就把杯子舉到嘴邊。這時，那隻老鷹再一次撲下來，把杯子從他的手中打落。這下子，國王有些生氣了。

他大聲吼叫著：「如果你再亂來，我要把你的脖子砍斷！」

然後，他又拿杯子盛水。但是，在他預備要喝水之前，老鷹又一次衝下來。憤怒的國王拔出劍刺中了牠，可憐的老鷹沒來得及叫一聲就倒在了血泊中，但這次國王的杯子還是

第五篇　忍一時，贏未來

落在了地上。

國王氣呼呼地繼續向前走，他想找到水的源頭，大飲一通。後來他終於找到了一個積水的池塘，但是他驚訝地發現，在水池裡有一條死去的巨大的毒蛇，他頓時明白了。他哭喊道：「我的老鷹救了我，牠對我如此忠誠，而我竟然把牠殺了。」他又傷心地回去，找到老鷹的屍體，把牠厚葬了。從此以後，當他再發怒時，他就告誡自己：永遠別在盛怒之下做事。

怒是七情六慾的一種。怒極了就會做出事後讓人懊悔不已的事情。德國軍隊中有這麼一個規定：遇到不滿的事情，如果當場提出要討論或者解決，是一定會遭到拒絕的，必須過一段時間，待當事人心情平靜下來之後再討論。這個規定確實有其必要。因大怒會導致衝突，引起戰爭，小怒則導致紛爭，引起毆鬥。因一時衝動或在氣頭上而做出錯事的例子並不少見。

唐太宗聽信讒言無心辨別張蘊古的是非，一時意氣用事，錯殺張蘊古，還因盧祖尚拒絕君命，一時大怒，又下令殺了盧祖尚，後來唐太宗意識到自己因一時怒氣而殺人是暴行而自我悔過；漢高祖劉邦曾怒刑蕭何，之後認錯，自比桀紂。

發怒導致內心的和氣被破壞，激發事物朝不正常的方向發展，如果內心的怒火不被撲滅，那麼它就猶如原野上燃燒

的大火，其氣勢和後果是非常令人恐懼的。倘若只因一時的憤怒，就將自己及親人置之腦後，這難道不是糊塗嗎？

凡是衝動型的人，一定要意識到自己的莽撞行事往往會帶來更多更大的麻煩。要時刻記住王蒙的話：「在任何處境下保持從容理性的風度。心存制約，遇事三思，留有餘地。」所以孔聖人告誡：「忿思難。」是說人如果要發怒的時候，應當考慮由此而來的患難，以抑制自己的憤怒。

大智者必謙和，大善者必寬容。唯有小智者才咄咄逼人，小善者才斤斤計較。

—— 周國平

不要在小事上過分較真

人生如此短暫和寶貴，要做的事情太多，不要為那許多的小事耗費掉你寶貴的時間和精力。知道該做什麼和不該做什麼，知道什麼事情應該認真，什麼事情可以不屑一顧，這是很重要的。

不被瑣事困擾，不斤斤計較，不糾纏於非原則的瑣事，這樣才能騰出時間和精力，全力以赴地實現自己的目標，做該做的事，我們成功的機會和希望就會大大增加。

一位農夫來到城裡一家餐廳，向老闆打聽是否需要青蛙腿，並說他那裡有整整100萬隻。餐廳老闆聽後嚇了一

第五篇　忍一時，贏未來

跳，問農夫從哪裡找到那麼多青蛙！農夫回答說：「是這麼回事，我家附近有個池塘，裡面有上百萬隻青蛙。一到晚上牠們就開始叫，我都快被牠們逼瘋了！」於是農夫和餐廳簽訂了一項協議，在接下來的幾個星期裡向餐廳供應青蛙，每次500隻。

很快，第一次交貨的時間到了，農夫又來到了餐廳，可是他的手裡只拎著兩隻瘦骨嶙峋的青蛙。老闆很奇怪，問道：「這是怎麼回事？」

農夫回答說：「是我搞錯了，池塘裡只有這兩隻青蛙，那麼多的噪聲都是牠們倆發出的。」

生活中總是會有一些看似無法解決的問題，它們就像幾百萬隻青蛙在耳邊呱呱叫，使我們躲在床上徹夜難眠。黑暗中，我們總是感覺問題比實際大，但是第二天清晨，在黑暗過去之後，你會驚奇地發現，所有問題不過如此。

人與人的交往也是一樣。人非聖賢，孰能無過。與人相處就要互相諒解，求大同存小異，有肚量，能容人，這樣你才會有許多朋友，左右逢源；相反，眼裡揉不得半粒沙子，什麼雞毛蒜皮的小事都要論個是非曲直，容不得人，人家也會躲你遠遠的，最後，你只能關起門來「稱孤道寡」。

教育專家戴爾·卡內基（Dale Harbison Carnegie）是處理人際關係的「老手」，然而早年時，也曾犯過小錯誤。在他回憶時曾說：

> 發怒時，學會控制情緒

　　有一天晚上我參加一個宴會，宴席中，坐在我右邊的一位先生講了一段幽默故事，並引用了一句話，意思是「謀事在人，成事在天」，並提到，他所引用的那句話出自《聖經》。他錯了，我知道，我很肯定地知道出處，一點疑問也沒有。為了表現優越感，我很討嫌地糾正他。他立刻反唇相譏：「什麼？出自莎士比亞？不可能！絕對不可能！」那位先生一時下不來臺，不禁有些惱怒。

　　當時我的老朋友法蘭克‧葛孟坐在我身邊。他研究莎士比亞的著作已有多年，於是我就向他求證。葛孟在桌下踢了我一腳，然後說：「戴爾，你錯了，這位先生是對的。這句話出自《聖經》。」

　　那晚回家的路上，我對葛孟說：「法蘭克，你明明知道那句話出自莎士比亞。」

　　「是的，當然。」他回答：「可是親愛的戴爾，我們是宴會上的客人，為什麼要證明他錯了？那樣會使他喜歡你嗎？他並沒有徵求你的意見，為什麼不保留他的臉面？」

　　一些無關緊要的小錯誤，放過去，無傷大局，那就沒有必要去糾正。這樣不但能保全對方的面子，維持正常的談話氣氛，還能使你有意外的收穫——在對方和在場其他人的心目中留下良好的印象。做人不能太死板，不知變通。太認真了，就會對什麼都看不慣，連一個朋友都容不下，把自己和社會隔絕開。

當然,要真正做到不認真、能容人,也不是簡單的事。這需要你有良好的修養,需要善解人意,需要從對方的角度設身處地地思考和處理問題,多一些體諒和理解,就會多一些寬容,多一些和諧。

人在屋簷下，低頭才能前行

曲則全，枉則直，窪則盈，敝則新，少則得，多則惑。

—— 《道德經》

夫君子之所取者遠，則必有所待；所就者大，則必有所忍。

—— 《賈誼論》

好漢要吃「眼前虧」

當一個人實力微弱、處境困難的時候，也就是最容易受到打擊和欺侮的時候。在這種情況下，人們的抗爭力最差，如果能避開大劫也算很幸運了。此時面對他人過分的「待遇」，最好是先吃一下「眼前虧」，立足於「留得青山在，不怕沒柴燒」，用「臥薪嘗膽，待機而動」作為忍耐與發奮的動力。

人在一生中總會有不同的際遇、不同的處境。順風好行船，逆境難為生；位高好成事，位卑難做人。大丈夫當能伸能屈，能進能退。在某些特殊情況下，不要一味使用蠻勁去碰壁，而應該分析局勢，做出某些以退為進的決策，記得「好漢要吃眼前虧」。因為「眼前虧」不吃，可能要吃更大的虧。

第五篇　忍一時，贏未來

我們假設這樣一種情況：你開車和別的車擦撞，對方只是「小傷」，甚至可以說根本不算傷，可是對方車上下來四個彪形大漢，個個橫眉豎目，圍住你索賠。眼看四周荒僻，不可能有人對你伸出援助之手，請問：你要不要吃「賠錢了事」這個虧呢？

當然可以不吃，如果你能「說」退他們，或是能「打」退他們，而且自己不會受傷的話。如果你不能「說」又不能「打」，那麼看來也只有「賠錢了事」了。因為，「賠錢」就是「眼前虧」，你若不吃，換來的可能是更大的損失。

歷數古今中外得大成之人，無不是善處逆境和善待位卑的智者。他們能屈能伸、能俯能仰，從不把自己看得比別人更高貴、更顯赫。特別是在屈尊和低就於別人的時候，更能顯出低調做人的格局。張居正是明朝名相，在他執政的十年中，大膽地從政治、經濟、軍事各方面進行重大改革，使國家安定，經濟發展，一時出現清明富強的景象。

張居正被選為庶吉士之後，一面大量讀書，一面細心思索官場上的門道。他有滿腔的政治抱負，但當時皇帝世宗昏庸，奸臣嚴嵩為非作歹。張居正一時無法施展自己的才能，只得忍耐，與嚴嵩周旋。這樣苦苦熬了十幾年。

終於，嚴嵩在專權15年後倒臺了，徐階成了首輔，張居正也開始被重用。然而，張居正入閣後又遇上精明強幹、頭

腦敏銳的政治對手高洪。張居正只得再次忍耐。儘管高洪對他傲慢無禮，他卻用謙恭與沉默來應對。

高洪下臺後，張居正資格最老，被詔回當了首輔。他掌權後，立即改變了過去那種謙虛祥和、沉默寡言的態度，變得雷厲風行、有理有節，在全國發起一場改革，把國事整理得井然有序，促進了當時社會經濟的發展。

所以，有的時候因環境所迫，我們必須要吃「眼前虧」。要知道，忍，不僅是一種韌性的戰鬥，更是一種生存智慧，是心有格局的人戰勝危難的有力武器。

勇於敢則殺，勇於不敢則活。

——《道德經》

忍而待發，以忍求變

忍有兩種，一種是思而不發，以忍求安；一種是忍而待發，以忍求變。求人者要特別學會後一種忍，忍是手段，所求是目的。

戰國七雄的趙武靈王經過多年的征伐，認為北方游牧民族騎馬作戰是值得仿效的戰術，其機動性大，集散自由，對戰場條件適應性很強。

於是，趙武靈王便想改變自己軍隊的作戰戰術。但這項改革卻頗費了番周折。首先，當時的中原服裝不適合騎馬作

戰，那就要改穿游牧民族的胡服，胡服的下身相當於今人普遍穿的褲子。

但是，要穿胡服並不那麼簡單，服裝式樣的改變，在中國古代是一場大的改革。

趙武靈王的命令一下，預料中的反對勢力蜂擁而來，朝中的多數大臣都不支持這項改革，主要理由是不肯出賣祖宗、以胡服自辱，更不願背棄祖先留下的傳統。

面對大批的反對勢力，趙武靈王採取了極其克制的態度，他不發王者之威，不以王者之尊強行推廣，而是從戰爭的發展、富國強兵的要略，反覆闡述自己的意見，拿出了最大的忍耐力推行戰術。其中最難對付的是他的親叔叔，藉口生病，不早朝，也不聽勸。武靈王明明知道他病在哪裡，卻絕口不談，天天如此，他叔叔大為感動，終於不再反對。

趙武靈王的「忍功」確實達到了目的。「小不忍則亂大謀」，只有嚥得下這口氣，你才辦得成大事。

塔克文（Lucius Tarquinius Superbus）是羅馬的最後一代國王，他殘暴地殺害了布魯圖斯（Brutus）的父親和哥哥。布魯圖斯裝成傻子才得以倖免。布魯圖斯裝傻子裝得極為逼真，以至於國王認為他可以作為笑料，被留在宮中任意行走。國王經常把他當作開心的玩物。

羅馬有一個美女盧瑟雷提亞（Lucretia），她已經嫁了人，卻被國王搶進了宮，她拒絕從命，為了貞潔和自由而自殺了。

這時，布魯圖斯去找這個美女的丈夫和父親，要他們發誓為她報仇。他得到許多幫助，撕下了傻子的偽裝，用慷慨激昂的演說動員起人民，又贏得了軍隊的支持，終於推翻並放逐了國王，結束了羅馬的專制時代，建立了羅馬共和國。布魯圖斯和他的同袍考拉提督斯（Lucius Tarquinius Collatinus）當選為首席執政官。

有志向、有格局的人，不應斤斤計較個人得失，更不應在無謂的小事上糾纏不清，而應有開闊的胸襟和遠大的抱負，目光放遠一些，看這些事情對自己的長遠發展是否有利，而不逞匹夫之勇。只有如此，才能成就大事，從而實現自己的夢想。

小處不滲漏，暗處不欺隱，末路不怠荒，才是個真正英雄。

——《菜根譚》

坐好「冷板凳」

在足球比賽中，除了上場踢球的十一個隊員外，還有幾個是替補隊員，坐在球場邊上，俗稱「板凳」隊員。在一場比賽中，這些「板凳」隊員有的只能上場幾分鐘，有的則連上場的機會都沒有。這就是所謂的「冷板凳」。

坐「冷板凳」並不是一種沒本事、丟臉的事，即使是「球

第五篇　忍一時，贏未來

王」也有「失腳」的時候，所以要有坐「冷板凳」的勇氣。際遇再佳的人也不可能一輩子不遭到「冷遇」，與其在「冷板凳」上自怨自艾，疑神疑鬼，不如調整自己的心態，把「冷板凳」坐熱。如果你連「冷板凳」都坐不住，首先心態就不正，就已經輸了。

有一位外貿學院畢業的大學生，分到某外貿公司當職員。小夥子非常能幹，剛進公司時很受老闆賞識，但不知怎麼的，在並沒犯什麼錯誤的情況下，他卻被「冷凍」了起來。整整一年時間，老闆從未過問他的情況，也不交給他重要的工作。但他從未抱怨過，也沒有因為未受重視而討個說法，他只是認為自己還是個新員工，坐「冷板凳」是必須的。果然，不久老闆找他談話，肯定了他這一年多來默默無聞工作的成績，還依據他的實際能力為他晉升了職位。同事們都說他把「冷板凳」坐熱了。

其實在遭到冷遇時，不妨把它看成對自己毅力、品德、精神的綜合考驗，冷靜地對待自己的不利處境，不要讓自己時刻處在風口浪尖之上，是能夠忍耐住不平之氣的關鍵。

面對非常緊迫的就業形勢，剛出校門的畢業生由於沒有從業經驗，很難找到滿意的工作。卡莉・費奧麗娜（Cara Carleton Fiorina）是史丹佛大學法學院的學生。畢業後，她的第一份工作是在一家地產經紀公司做接線員。每天的工作就是接電話、打字、列印、整理文件，但她毫無怨言，在簡單

> 人在屋簷下，低頭才能前行

的工作中積極學習。一次偶然的機會，幾個經紀人問她是否還願意做點別的什麼，於是卡莉‧費奧麗娜得到了一次撰寫文稿的機會。就是這一次，她的人生從此改變。這位卡莉‧費奧麗娜就是惠普公司的前 CEO。

人要做大事必須有面對挑戰的勇氣，面對困難的耐心，同時還要有身處孤寂的韌性。你大可借坐「冷板凳」的時機調整自己的心態，蓄勢待發，努力做好每一件小事，多做事少抱怨，把「冷板凳」坐熱，贏得前輩們的認同和信任，待時機到來時再大顯身手。如果你自暴自棄，那麼恐怕要坐到屁股結冰了，而且惡評一起，再翻身恐怕就很困難了。

總之，一旦自己坐了「冷板凳」，千萬不要灰心喪氣，而要冷靜地對待冷遇，理智地對待困境。強化自己的能力，用平和的情緒、低調的姿態表現自己的真實，也許更能贏得他人的欽佩和認同。

忍辱負重,成就非凡格局

勝敗兵家事不期,包羞忍恥是男兒。江東子弟多才俊,捲土重來未可知。

—— 《題烏江亭》

尺蠖之屈,以求信也;龍蛇之蟄,以存身也。

—— 《易‧繫辭下》

大忍則大成,小忍則小成,不忍則不成

西元前 494 年,吳王夫差為了報殺父之仇,以伍子胥為大將,傾國內全部精兵,向越國進攻。越國大敗。越王勾踐眼看著就要國破家亡,要求跟吳王議和。議和的條件是,勾踐和他的妻子到吳國來做奴僕。勾踐與大臣文種和范蠡經過一番謀劃之後,答應攜著妻子心甘情願侍奉夫差。

夫差將勾踐押回吳國都城後,在先父闔閭的墓旁建了一所簡陋的石頭房子,將勾踐夫婦安置其中,讓他們做最髒最累的雜事。勾踐整天蓬頭垢面地做事,沒有絲毫怨言,似乎忘記了屈辱,已甘心為奴了。夫差還經常派人去察訪,察訪的人向他報告說勾踐夫婦生活非常艱辛,但工作卻很勤快,從不偷懶,並沒有看到不軌的舉動。

夫差出門時,還讓勾踐在前面為他拉馬。來到大街上

> 忍辱負重，成就非凡格局

時，侍從還高聲大喊：「快來看呀，現在站在你們面前的是越王勾踐，他現在已經淪落為大王的馬伕了。」於是街人紛紛上前對勾踐又是推搡又是打罵。儘管勾踐受盡了羞辱，但並沒有異常的行為，似乎已麻木了。時間一長，夫差認為勾踐已經胸無大志，對他的管束也逐漸鬆懈了。

有次，吳王病了，勾踐為表忠心，去探視吳王。吳王腹瀉不止，便令勾踐暫時迴避一下。勾踐連忙說：「賤臣過去曾從師學醫，了解一些醫術，如果讓我觀察一下您的糞便，我就可以判斷您病情的輕重。」說完就親口嘗了嘗夫差的糞便，然後恭喜夫差，說他的病不久將會痊癒。

夫差疑惑地問：「你怎麼知道的？」

勾踐回答說：「賤臣曾聽大夫說：糞者，穀味也，體健其味重，體病其味輕。賤臣剛才嘗過大王的糞便，味酸而稍苦，可見沒有什麼大礙！稍加調養就可以了。」

夫差嘆息道：「勾踐今日如此對我，這些是我寵信的大臣和兒子都做不到的啊！勾踐對我的確忠心耿耿！」感動之餘，吳王決定釋放勾踐夫婦回國。

幾天之後，夫差的病好了，他履行了自己的諾言，放勾踐夫婦回國，這時在越國代王主政的大臣文種已帶人來接了。

勾踐回國以後，臥薪嘗膽，勵精圖治，十年教訓，十年生聚，使越國恢復了元氣。後來他趁吳王夫差出兵與中原大國爭霸之時，攻打吳國，經過多次戰鬥，終於把吳國打敗

了，夫差走投無路，只得自殺。勾踐忍小謀大，發奮圖強，不僅打敗了吳國，而且一度稱霸諸侯。

堂堂一國之君，肯為奴僕，已是不可思議，更莫說嘗敵人的糞便，其忍辱之心真是無人可比。如果盲目反抗沒有任何效果，那就用百倍的忍耐為既定的目標暗中積蓄力量，總會有出頭的一天。

能夠忍受侮辱者，必定能成就大事業。西漢韓信，少時曾忍辱從別人胯下鑽過，遭到世人恥笑，但他卻具有王侯將相的氣度。西漢韓安國，因罪入獄後，被獄吏用不可復燃的死灰做比喻，可見韓安國受到的恥辱達到何種程度，但他後來卻做了梁王內史；戰國時，魏國的范雎曾被人捲入蓆子拋入廁所，讓醉鬼往他身上撒尿，但他最終被封為應侯。忍受一時之辱，最終有所成就，面對屈辱為何不能忍一忍呢？

真的英雄，何必氣短，善始善終，方為不敗！忍能保身，忍能成事，忍是大智、大勇，更是大福！忍是厚，忍是黑，忍小人，忍豪強，忍天下難忍之事，不做性情中人，成常人難成之事。

有謙和、愉快、誠懇的態度，而同時又加上忍耐精神的人，是非常幸運的。

——塞內卡

忍辱負重，成就非凡格局

臉皮厚點也無妨

所謂「臉皮」不過是自尊心的一種通俗形象的說法。心理學認為，自尊之心，人皆有之，人的尊嚴不容冒犯。在現實生活中，自尊心的強弱程度因人而異。有的人自尊心特別強，把面子看得高於一切，其實是虛榮心在作祟。過於愛惜臉皮是毫無意義的。裝裝樣子，做個姿態，甘拜下風，認個錯，自己並不損失什麼，而結果卻是你好我好，一團和氣，何樂而不為呢？

不過臉皮厚一點，並不是不要個人的尊嚴，而是要拿捏分寸，審時度勢，不要光想著自己的面子，還要看到比這更重要的東西，比如事業、工作、友誼等。

小王是一位初學寫作的文學青年，花了半年時間寫了一篇小說。他信心十足地來到編輯部，沒想到一個編輯看後，直搖頭，當著很多人的面，說：「你這寫的是什麼？連句子都不通，哪裡像小說！……」說得他滿臉通紅，就想回敬一句：「你仔細看了嗎？」可是，他忍住了，反而以請教的口氣說：「我是第一次寫小說，還希望老師給予指正。」從編輯部回來他沒有洩氣，反而更加奮發，寫成後又厚著臉皮去找這個編輯。真是不打不相識，這一次編輯的態度也變了，提了一些修改意見。後來小說發表了，他和編輯還成了朋友。

每個人都有自己的臉皮，這關係到自己的尊嚴和地位。只不過，每一個人在實現自己的目標過程中，都需要臉皮厚

第五篇　忍一時，贏未來

才能把懷疑拋在一邊，不對自己的能力、動機心存疑惑，不懷疑自己的價值，自己在自己的眼裡是盡善盡美的人。

徐蘭沅是著名京劇音樂家，先後為京劇藝術大師譚鑫培、梅蘭芳操琴數十年，在京劇音樂界深孚眾望。徐蘭沅年輕的時候，有一位老琴師名叫耿一，操琴藝術十分精湛。徐蘭沅很想拜他為師，只是苦於沒有機緣。一天，徐蘭沅正在街上走著，正好遇見了耿一。徐蘭沅求師心切，便急忙走上前去，懇求耿一賜教。

誰知耿一從來不收徒弟。他滿臉傲氣，拿眼把徐蘭沅從頭到腳打量了好一陣子，然後用不無侮辱的口吻說：「小子，我可以教你。不過，你得趴在這大街上當眾給我磕個頭才行。」徐蘭沅一聽，二話沒說就跪倒在街上，給耿一恭恭敬敬地磕了個頭。

耿一見徐蘭沅學藝如此心誠，當即就破例收下了他這個徒弟，而這一跪拜磕頭使徐蘭沅後來的琴藝大增。

細思之，厚臉皮其實是「勝固欣然敗亦喜」的平常心，「走自己的路讓別人說去吧」的勇氣，愈挫愈奮、百折不撓的堅忍，抱負遠大、志在高遠的胸襟，還有志在必得的自信。說穿了就是抗壓能力強，是當今成功所必備的「心計」。

群臣吏民能面刺寡人之過者，受上賞；上書諫寡人者，受中賞；能謗譏於市朝，聞寡人之耳者，受下賞。

──《戰國策‧齊策一》

感謝羞辱你的人

　　1980年代初，年逾古稀的曹禺已是聲名鼎盛的戲劇作家。有一次美國同行亞瑟‧米勒（Arthur Miller）應約來執導新劇本，身為老朋友的曹禺特地邀請他到家做客。午飯前的休息時分，曹禺突然從書架上拿來一本裝幀講究的冊子，上面裱著畫家黃永玉寫給他的一封信，曹禺逐字逐句地把它唸給亞瑟‧米勒和在場的朋友們。

　　這是一封措辭嚴厲且不講情面的信，信中這樣寫道：「我不喜歡你一九四九年以後的戲，一個也不喜歡。你的心不在戲劇裡，你失去偉大的靈通寶玉，你為勢位所誤！命題不牢固、不縝密、演繹分析也不夠透澈，過去數不盡的精妙休止符、節拍、冷熱快慢的安排，那一籮一筐的雋語都消失了⋯⋯」

　　亞瑟‧米勒後來撰文詳細描述了自己當時的迷茫：「這信對曹禺的批評，用字不多但卻相當激烈，還夾雜著明顯羞辱的味道。然而曹禺念著信的時候神情激動。我真不明白曹禺恭恭敬敬地把這封信裱在冊子裡，現在又把它用感激的語氣唸給我聽時，他是怎麼想的。」

　　亞瑟‧米勒的茫然是理所當然的，畢竟把別人羞辱自己的信件裱在裝幀講究的冊子裡，且滿懷感激唸給他人聽，這樣的行為太過罕見，無法使人理解與接受。但亞瑟‧米勒不知道的是，這正是曹禺的清醒和真誠。儘管他已經是功成名就的戲劇大家，可他並沒有像旁人一樣過分愛惜「自己的羽

毛」——榮譽和名聲。在這種「傻氣」的舉動中，透露的實質是曹禺已經把這種羞辱演繹成了對藝術缺陷的真切悔悟。此時的羞辱信對他而言已經是一筆鞭策自己的珍貴餽贈，所以他要當眾感謝這一次羞辱。

有位學生打算參加一家著名報社的暑期實習，但表情傲慢的報社接待人員看了履歷後，毫不留情地把履歷丟還給了他：「普通大學的學生暫時不在我們的考慮範圍之內。」羞辱與尷尬剎那漲紅了那個學生的臉。他在眾人的嘲笑下逃跑似的溜了。但他並沒有就這樣放棄，反而一遍遍激勵自己。經過努力，他終於在另一家更出色的報社找到了實習的機會。是那次的羞辱刺激了他，激發了他的鬥志。

漫漫人生的過程，或許我們可以把它譬喻為一次又一次課程連結的集合，有區別的只不過是這些課程你自身能不能夠做出抉擇。出身的富貴與否、智力的高低之分、相貌的動人抑或醜陋，這些先天的因素可以命名為「必修課」，因為它無法由我們自身定義與逆轉。而其他後天需面對的成長環境或人生際遇，我們可以把它命名為「選修課」。

羞辱無疑就是人生的一門「選修課」，格局小的人把它演繹成包袱，而格局大的人則會把它看作「激勵」的別名，感謝羞辱，從羞辱中提煉出自身的短處與缺陷，用羞辱激勵完善自我。

第六篇

退一步,海闊天空

> 余行年五十,悟得五不爭之味。人問之,曰:
> 『不與居積人爭富,不與進取人爭貴,不與矜飾人爭名,不與簡傲人爭禮,不與盛氣人爭是非。』
>
> ——《呻吟語》

君子樂於成人之美

善居功者，讓大美而不居；善居名者，避大名而不受。

—— 《呻吟語》

君子成人之美，不成人之惡。小人反是。

—— 《論語‧顏淵》

君子樂於成人之美

孔子「成人之美，不成人之惡」的態度，不能不說是一種氣度，一種胸懷，一種君子風範。

大家都知道，阿姆斯壯（Neil Alden Armstrong）是第一個踏上月球的地球人。當時，他說了一句話：「我個人的一小步，是全人類的一大步。」如今，他的這句話早已享譽全球。但是很少有人知道，和他同時漫步在月球表面的還有一個人——伯茲‧艾德林。

他們回到地球後，在一次記者招待會上，有位記者突然問艾德林（Edwin Eugene Aldrin Jr.）一個很尖銳的問題：「身為第二個登陸月球的人，你會不會感到有點遺憾？」

在全場矚目下，艾德林很紳士地回答：「各位，千萬不要忘了我是第一個從返回艙裡出來的，所以……」他停頓了一下，笑著對大家說，「我是第一個踏上地球的外星人。」

君子樂於成人之美

他的話博得了在座的人最熱烈的掌聲。相信艾德林那簡單的一句話，征服了所有觀眾的心。在如潮般熱烈的掌聲背後，美德在閃光。

成功不必在我，團隊的成功就是我的成功。「成人之美」不但是一種修養，更是一種美德。

人要有才，更要有德。《左傳》認為一個人可無才，但不可無德。其實方便了別人也等於方便了自己，成就了別人也等於成就了自己，所以，君子成人之美又何妨？在平時的生活和工作中，稍加留心就可以做到成人之美，一句讚美、一個微笑或擁有一顆真摯分享的心，就可以給他人帶去許多美妙的感受。

不久前，我接到一位舊友的電話。他軟綿綿地問我，什麼時候去郊外。我第一反應是那麼遠怎麼去，但馬上就有個新念頭閃現——莫非他買了新車？他很愉快但略顯矜持地說：「沒什麼，就是一輛破車……」為滿足他這種幸福的心情，我當即決定替他多叫幾個舊友一同去誇一誇他的車。我們的友情因此進一步鞏固。

當你滿足了別人的願望後，別人就會感激你，就像受了你的恩惠一樣，而且有知恩圖報的想法。當你為別人提供了方便，使別人滿足，反過來，別人也會設法為你提供方便，樂於成人之美的人總能得到別人的幫助和配合。

第六篇　退一步，海闊天空

竊人之財，猶謂之盜，況貪天之功以為己力乎？

——《左傳·僖公二十四年》

不要搶占別人的功勞

李霞和丁娟兩人是平時處得不錯的同事。年終的時候，公司舉辦企劃評比，優勝者有獎。這是一個很好的機會。李霞經過半個月的深入研究，再加上她在平時工作中的觀察思考，做了一個很出色的企劃。

在方案提交截止的最後一天，丁娟突然嘆了一口氣，對李霞說：「哎，我心裡真是沒底啊！要不你幫我看看企劃，提提意見吧！」李霞沒多想，滿口答應了下來。丁娟的企劃很一般，缺乏新意，李霞看完後沒好意思說什麼。

丁娟用探究的目光盯著李霞說：「讓我也看看你的方案吧。」李霞心裡一陣懊悔，可人家的方案都讓你看了，你的不讓別人看，這總有點說不過去。好在明天就要開大會了，李霞心想，就算丁娟想改也來不及了，於是便把自己的方案拿出來給她看。

第二天開會的時候是按資歷深淺的次序發言。丁娟資歷老，按次序先發言。誰知丁娟講述的方案和李霞的一模一樣，在講解時，她對老闆說：「很遺憾，我的電腦中了病毒，檔案都被毀了，所以現在只能口頭敘述方案，不過我會盡快整理出書面材料的。」

> 君子樂於成人之美

　　李霞目瞪口呆，她沒想到丁娟就這樣搶了自己的成果、自己的功勞。李霞不敢把自己的方案交上去，她擔心自己的資歷淺，老闆不相信她。無奈下，李霞傷心地離開了這家公司。

　　丁娟靠搶來的方案得到老闆的認可。但方案不是她自己的，有些細節的地方她並不清楚，在方案執行的過程中出了一點漏洞，又無法及時修正，結果導致失敗。後來老闆得知她是搶了別人的方案，就將她辭退了。

　　不是你的功勞，不要去搶。你搶了別人的功勞，等到真相大白時，你將無臉見人，不僅被搶者會成為你的敵人，而且還會失去他人對你的尊重。況且，搶別人的功勞總不是成功的捷徑。高明的上司從來不占下屬的功勞。因為下屬有功，自然也體現出了你的功勞。

　　有一個研究所的副所長，負責一個課題的研究。但他行政事務繁多，沒有把全部的精力放在課題的研究上。他的助手潛心研究出了成果。這個研究成果得到了極大的讚譽。報紙、電視臺的記者都爭相採訪那位副所長。他拒絕了所有的採訪，並對記者們說：「這項研究的成功是我助手的功勞，榮譽應該是屬於他的。」

　　記者們都感動於他的誠實和美德，在報導助手的同時，還特別提到了那位副所長坦蕩的胸懷和言語，使他獲得了很好的評價和榮譽。

做人就要坦坦蕩蕩，不是自己的功勞，就不要挖空心思去占有。不搶功，只會讓你優秀的人格更鮮明，讓別人對你更加敬重、佩服，也會使你立於不敗之地。

悲傷可以自行料理；而歡樂的滋味如果要充分體會，你就必須有人分享才行。

—— 馬克・吐溫

享受分享的樂趣

生活需要伴侶，快樂和痛苦都要有人分享。沒有人分享的人生，無論面對的是快樂還是痛苦，都是一種懲罰。

有一個故事，說的是一位猶太教的長老，酷愛打高爾夫球。在一個安息日，他很想去揮桿，但猶太教義規定，信徒在安息日必須休息，什麼事都不能做。可是這位長老實在忍不住，決定偷偷去高爾夫球場，心裡想著我就打9個洞，打9個洞就好了。

由於安息日猶太教徒都不會出門，球場上一個人也沒有，長老覺得不會有人知道他違反了規定。

然而，當長老在打第2個洞時，卻被天使發現了，天使生氣地到上帝面前告狀，說某某長老不守教義，居然在安息日出門打高爾夫球。

上帝聽了，就跟天使說他會好好懲罰這個長老。

> 君子樂於成人之美

第3個洞開始,長老打出超完美的成績,幾乎都是一桿進洞。長老興奮莫名,到打第7個洞時,天使又跑去找上帝:「上帝呀,你不是要懲罰長老嗎?為何還不見有懲罰?」

上帝說:「我已經在懲罰他了。」

直到打完第9個洞,長老都是一桿進洞。因為打得實在是太過癮了,於是長老決定再打9個洞。那個天使又去找上帝,說:「到底您說的懲罰在哪裡?為什麼我看不出他受到懲罰呢?」上帝只是笑而不答。

打完18個洞,長老每次都是一桿進洞,他的成績已經超過任何一位世界級的高爾夫球手了。天使看到後,很生氣地問上帝:「這就是你對長老的懲罰嗎?」上帝說:「是的,這就是我對他的懲罰。」頓了頓又說:「你想想,他有這麼驚人的成績,以及興奮的心情,但他的快樂能和誰說?又能和誰去分享?而且即使他對別人說了,也沒有人會相信。這不是最好的懲罰嗎?」

天使這才明白上帝對長老的懲罰。

當有了快樂而不能與他人分享時,就會變成一種懲罰。一個人無論看到怎樣的美景奇觀,有了怎樣美妙的體驗,如果他沒有機會向人講述,或者講了人家也不相信,他就絕不會感到快樂。因為它鬱積在心頭,找不到出口,自然也就成了一種壓力、一種負擔。

這樣看來,一個無人分享的快樂絕非真正的快樂,因此,我們要善於與人分享我們的快樂,分享我們的喜悅。

懂得與人分享，生活會變得分外美好。一份快樂，兩人分享，便成了雙份的快樂。傷心少了，快樂多了，內心情感溫暖充實，生活自然就愈加的美好。若是沒有人分享，無論面對的是快樂還是痛苦，是幸福還是不幸，都是一種痛苦。

與別人分享，看起來不難，實際上卻並不簡單。最難與別人分享的東西之一就是功勞。當你在工作中取得了較大的業績或者做出了較大的成績時，切莫一人獨占功勞，一人獨自享受那一份利益和榮耀。雖然將自己的功勞全盤歸於他人並不是個好主意，但是完全否定別人的功勞也實在愚蠢，因為這就如同將別人（一些會幫助你的人）關在門外。畢竟，你成就的取得，還有大家的功勞，有集體每一個人的努力。

從這一點看來，與他人分享不只是慷慨大度，許多時候，與他人分享更多的是一種氣度和格局。

別把名利看得太重，懂得取捨

完名美節，不宜獨任，分些與人，可以遠害全身；辱行汙名，不宜全推，引些歸己，可以韜光養德。

——《菜根譚》

萬物作焉而不辭，生而不有，為而不恃，功成而弗居。夫唯弗居，是以不去！

——《道德經》

與人分享榮譽

美好的名譽人人皆愛。要知道，人類苦苦追求的除了金錢之外就是名譽了。但是為人處世切不可只會邀功，有好處應該留些給別人。獨占功勳不僅不會給自己帶來更多的好處，甚至還會引火燒身。因為獨享榮耀是一個典型的容易激起他人心中不滿，並心生恨意的最主要原因。

西元前478年，斯巴達派遣年輕的貴族卡阿尼斯率領遠征軍討伐波斯。希臘城邦剛剛擊退了來自波斯的侵略。卡阿尼斯和其他三名斯巴達信任的貴族，率兵乘勝追擊侵略者。

卡阿尼斯與同伴浴血奮戰，很快就奪回了被波斯占領的地方。勝利而歸的卡阿尼斯等人受到了人們的熱烈歡迎，尤

第六篇　退一步，海闊天空

其是勇氣可嘉的卡阿尼斯更是贏得了雅典人民和斯巴達的敬重。

然而，在慶功宴會上，卡阿尼斯卻獨攬了風光，接受著最高的榮耀和讚賞，把其他貴族冷落到了一旁。於是極其忌妒並對他極為不滿的貴族們經過密謀，商量出一個對策。

不久就有傳言稱，卡阿尼斯與波斯相互勾結，企圖摧毀斯巴達。當局立即下令拘捕卡阿尼斯，他不得不倉皇而逃，這位昔日的英雄最終被憤怒的人們燒死在荒野外的一個茅屋中。

「居功」的確可以凝聚別人羨慕的目光，可以有很大的成就感，但如果你只想把功勞一個人占盡，企圖讓光環僅圍繞自己一個人轉，那就是自私而愚蠢的了。因為自己的榮耀會令別人變得黯淡，甚至令人產生一種不安全感，儘管你並未做任何傷害他人的事，你的存在也不時地給他人造成了威脅。而你的感謝、分享、謙卑，卻能讓他們吃下一顆定心丸。因此，當你的工作和事業有了成就時，千萬不要獨享榮耀，否則這份榮耀會為你帶來人際關係上的危機。

有個年輕人，大學畢業後在一家雜誌社工作。他很有才氣，所負責的雜誌也很受歡迎，有一年還獲得了國家級大獎。

他得了大獎，除了新聞署頒發的獎盃之外，社長還另外給了他一個紅包，並且當眾表揚了他的工作成績。但是他並

沒有現場感謝上司和屬下們的協助，更沒有把獎金拿出一部分來請客。大家雖然表面上不說什麼，但心裡都感到很不舒服：雖然雜誌是你主編的，可是這裡面也傾注著我們的心血呀！總不能提都不提一句吧！開始，大家和他都還過得去，他也感覺身上罩著一層光環似的。可是時間長了，社裡的同事，包括他的上司和屬下，都在有意或無意間和他作對。

不可否認，這份雜誌之所以能得獎，他的貢獻最大。但是當有好處時，別人並不會認為某某是唯一的功臣，總是認為自己沒有功勞也有苦勞，所以他獨享榮耀，當然就引起別人的不舒服了。尤其是他的上司，更因為這件事情而惴惴不安，害怕失去權力，為了鞏固自己的領導地位，上司也不再對他委以重任。結果兩個月後，他就被迫辭職了。

與人共事時要切記不獨享榮耀這個道理，尤其是管理者，如果只知道邀功，必將得不到下屬的信任和敬重，團隊士氣也將因此大打折扣，事業進展會更加不順。

為什麼名人在接受採訪的時候，總要感謝家人、老師、同學、朋友、領導、工作人員，甚至對手⋯⋯不要認為這是華而不實的形式，不值得仿效。記得感謝同事的協助，感謝上司和地位高的人對你精心的提拔和栽培。這絕對不是諂媚逢迎，而是可以消除別人對你的嫉妒的方法。每個人都不會排斥「與有榮焉」的感覺，你的感謝會讓他人反過來感謝你注意到了他。如果你感謝的是下屬，你得到的將更多，他們會更加賣力地為你工作。

你的主動分享榮耀的行為能讓別人有受尊重的感受。如果你的榮耀事實上是眾人協力完成，那麼你就更不應該忘記這一點。小的榮耀請人吃糖，大的榮耀請客吃飯，那麼對方自然不會和你作對，反而會更加尊重你。

好事須相讓，惡事莫相推。

—— 《全唐詩補逸》

把光環讓給別人

美國鋼鐵大王卡內基（Andrew Carnegie）幼年時，家境貧寒。父母從英國移民美國定居，剛落腳時供養不起卡內基讀書，卡內基只能輟學在家。

有一次，別人送給他一隻母兔，很快，母兔又生下一窩小兔。這下，卡內基犯了難：因為他買不起豆渣、胡蘿蔔等飼料來餵養這窩兔崽，他拍腦袋一想，計上心來——請左鄰右舍的小孩子都來參觀這些活潑可愛的兔娃娃。

小朋友大都喜歡小動物，於是卡內基趁機宣布，誰願意拿飼料餵養一隻兔子，這隻兔子就用這個小朋友的名字命名。小朋友齊聲歡呼贊同卡內基的「認養協議」。隨後，小兔子都有了漂亮的名字，而卡內基擔憂的飼料難題也迎刃而解。

童年趣事給卡內基帶來有益的啟示。後來他從小職員做起，透過自己的努力，成為一家鋼鐵公司老闆，但兒時的情

景仍然時不時在腦海重現。

為競標太平洋鐵路公司的臥車合約，他與商場老手布林門（George Pullman）的鐵路公司掰起了手腕，雙方為著投標成功，不斷削價比拚，結果已跌到無利可圖的地步，彼此還嚥不下這口氣。

真是「冤家路窄」，卡內基在旅館門口邂逅了布林門，他微笑著伸出手，主動向布林門招呼說：「我們兩家如此惡性競爭，真是兩敗俱傷啊！」

卡內基接著坦誠地表示：盡釋前嫌，合作奮進。布林門被卡內基的誠摯所感動，氣消了一半，不過對合作缺乏興趣。卡內基對布林門不肯合作的態度感到納悶，一再追問原因，布林門沉默片刻後狡黠地問：「合作的新公司叫什麼名字？」哦，原來布林門在為「誰是老大」處心積慮！卡內基想起兒時養兔子之事，脫口而出：「當然叫『布林門臥車公司』啦！」

布林門簡直不敢相信自己的耳朵，而卡內基又明確無誤地確認一遍。於是，冰釋前嫌，強強聯手，簽約成功，雙方從中大賺一筆。

16世紀初，有很多科學家都面臨著困難的處境，他們缺乏足夠的資金來維持自己的研究。義大利天文學家及數學家伽利略（Galileo Galilei）也面臨同樣的困難。有時候他把自己的發現和發明當作禮物送給當時最重要的贊助者，從他們

第六篇　退一步，海闊天空

那裡得到資助從事研究。然而，不管發現多麼偉大，這些贊助人通常都是送他禮物，而不是贈予現金。比如他將自己發明的軍事羅盤獻給了貢札加公爵（Vincenzo I Gonzaga），然後他將解釋羅盤用法的著作獻給了麥迪西家族（Medici Family）。但無論兩位統治者如何滿意，贊助的都只是一些珍貴的禮物，而不是科學研究所需的資金。

伽利略發現自己處境很不妙，他必須依賴統治者的慷慨解囊才能維持研究，十分被動，便決定改變策略。

1610年，他發現了木星周圍的衛星。這一次他把這個發現集中呈獻給麥迪西家族。伽利略將發現衛星一事，轉變成宇宙向麥迪西家庭的偉大致敬。他在寇西默二世登基的同時宣布，從望遠鏡看見一顆明亮的星星（木星）出現在夜空上。他表示，衛星有4顆，代表了寇西默二世（Cosimo II de' Medici）與其三個兄弟；而衛星環繞木星執行，就如同這4名兒子圍繞著王朝的建立者寇西默一世一樣。將這項發現呈獻給麥迪西家族之後，伽利略委託他人製作一枚圖案──天神朱比特坐在雲端之上，四顆星星圍繞著他。徽章獻給寇西默二世，象徵他和天上所有星星的關係。

1610年，寇西默二世任命伽利略為其宮廷哲學家和數學家，並給予全薪。對一名科學家而言，這是人生中最輝煌的歲月，伽利略四處乞求贊助的日子終於結束了。

伽利略僅靠一個簡單的舉動，就擺脫了以前四處求乞的日子。理由很簡單：貴族們實際上並不關心科學和真理，也

不關心發明和創造,他們在意的是名聲與榮耀。人們都希望自己看起來比其他人更為顯赫出眾。伽利略就將他們的名字連結上宇宙的力量。能和「宇宙」放在一起,這樣的榮耀有誰不想得到呢?

伽利略的策略讓這些貴族們覺得自己不只是在做提供財源這樣簡單的工作,而是讓他們覺得自己富有創造力並權傾一世,甚至比以前創造的偉業更崇高。

古代如此,現今也一樣,你不能讓上司感到不安,而應給予他應有的榮耀。伽利略並沒有以自己科學家的身分爭奪貴族們的榮耀,而是使得他們整個家族在義大利王室之間璀璨奪目。每個人的內心都有一種深深的不安全感,當你在世人面前展現自己的才華時,自然會激起各式各樣的怨恨與嫉妒。所以,關鍵的不是搶占上司的風頭,而是盡量幫助上司搶過他人的風頭。

養心莫善於寡欲。其為人也寡欲,雖有不存焉者,寡矣;其為人也多欲,雖有存焉者,寡矣。

——《孟子》

淡泊名利活出本色

《四十二章經》中說:「人隨情欲求華名,譬如燒香,眾人聞其香,然香以燻自燒。」佛教對人們追求的諸如名聲那

第六篇　退一步，海闊天空

些沒有任何實際價值的行為一向是貶斥的。日蓮和尚曾經說道：「被愚人所稱讚乃是最大的恥辱。」

人們不懂得名聲就是虛名，時常有人稍有名氣就到處揚揚得意地自誇，喜歡被一些人奉承。身為一個聰明人，你應該知道，名聲沒有實體，它不過是偶爾因人們的喧嚷與傳播而被人們談論的話柄。一個能淡泊名利的人，一定會被那些熱衷名利的人所懷疑；一個言行謹慎處處檢點的真君子，常常會遭到那些肆無忌憚的人的忌妒。所以，當你不幸處在這種既被猜疑又遭忌恨的惡劣環境中時，最好不要譁眾取寵，而應憑藉自己的才華和節操創造立世的根基。

我們應該知道，無論是官場、生意場，還是其他社會圈子，成功者、青雲直上者、名利雙收者畢竟是少數，更多的是為名利所困擾、因過分追求名利而落敗的悲劇。既然現實生活如此之嚴酷，那我們為什麼不把名利看淡一些，為什麼不能視名利如過眼煙雲呢？其實生活的道路是很寬闊的，人生的價值並不全是能用名和利來衡量的，因此，如果想活得有滋有味，就應該在名利的砝碼上減輕幾分，看淡名利，活出生活的本色來。

許多人知道北京故宮有個「養心殿」，養心是什麼？其實一個人的精力是有限的，最易疲勞的是心，如果心靈得不到解脫，終日為名為利，終會有心力交瘁的時候；如果能淡化

> 別把名利看得太重，懂得取捨

世間的名利，時常保持一種寧靜的心態，那麼我們就會有更充沛的精力去做自己喜歡做的事，就不會被外物所役而中斷了自己的前程。

魯迅先生有一句警世恆言：「毀或無妨，譽則可怕。」如果不能正確對待名和利，那麼已有的名利的反面效應也是相當危險的，尤其是那些人生觀不太牢靠、在事業上淺嘗輒止的人，很容易被捧殺，造成了他的事業與人生的曇花一現。

所以，我們要把名利看淡一些，當名利場中的過客。如何才能做到呢？首先，對不屬於自己應得的名和利，絕不可要。如果做一個沽名釣譽者，即使能暫時獲得某些大紅大紫的虛榮，日後真相大白時，也必然會有無窮無盡的煩惱接踵而來。其次，對於那些勉強可以得的名和利，要有一種謙讓的精神，推讓給他人，這既會增加同事間友好的關係，又是個人具有自知之明的一種表現。最後，即使是自己應得的名和利，也要善於把它化為前進的動力，絕不能使之成為人生的負累、前進的阻力，絕對不能把名利當作炫耀的資本。我們知道，滿桶水不響，半桶水晃盪，我們絕不能做「半桶水」。須知人外有人，對待功成名就能有一種謙遜的態度，自覺地在名利場中做看客，說明他有一種廣闊的心境，自然能自得其樂。

在現實生活中，一些名人總是受到人群的圍觀騷擾，連

第六篇　退一步，海闊天空

散步、購物之類的基本行動自由都很難保證；至於因名聲引來的各式各樣千奇百怪的麻煩事乃至災禍，在報章雜誌上也比比皆是。

「我的上帝，我此後的生活又將怎樣呢？」這是某位科學家知道自己榮獲諾貝爾獎時發出的一聲感嘆。他當時的心情並不是和一般人所想像的那樣，全是被歡欣與高興所充斥，而是更長遠地考慮到了自己獲獎之後的人生道路該怎麼走。眾多的事實證明，獲獎，尤其是獲諾貝爾獎那樣舉世矚目的大獎，能使獲獎的科學家在一夜之間成為人人皆知的名人，而這對他們日後包括科學研究在內的各項人生抉擇，都將產生巨大的影響。這種影響在負面上至少有這麼幾項：在獲獎者與自己以往親密的同事之間劃出一道鴻溝，造成了一定的距離；少數獲獎後的科學家將主要精力放在社會領域與政治活動中，自覺或不自覺地充當了賢明的社會角色；因為大眾將他們視為權威，他們也會遭受到名人所遭受的騷擾，對他們繼續潛心於科學研究帶來不利影響。有一位諾貝爾獎得主回憶說：「我得獎的那一年真糟糕，得獎當然是極好了，但一年內我什麼工作也沒做。」

《菜根譚》中說：「人知名位為樂，不知無名位之樂為最真；人知飢寒為憂，不知不飢不寒之憂為更甚。」

這就告訴我們，平凡的人生才是幸福的，靜靜地生活，

別把名利看得太重，懂得取捨

靜靜地享受，用不著去承受大起大落，也用不著去追求大富大貴。世人為了更高的職務不辭辛苦，為了更多的利益絞盡腦汁尋找達到目標的手段和妙方，殊不知，在不知不覺中已經玷汙了自己純潔的心靈，即使是撈到了一丁點名利上的好處，卻已不受人喜愛，這才是真正的悲劇。

第六篇　退一步，海闊天空

為別人留台階，就是為自己鋪路

> 譽既汝歸，毀將安辭？利既汝歸，害將安辭？功既汝歸，罪將安辭？
>
> ——《呻吟語》
>
> 掩護勿攻，屈服勿怒，此用威者之所當知也；無功勿賞，盛寵勿加，此用愛者之所當知也。反是皆敗道也。
>
> ——《呻吟語》

面子給足，人情做足

人人都有自尊心和虛榮心，甚至連乞丐都不願受嗟來之食。因為太傷自尊、太沒面子，更何況是原本地位相當、平起平坐的同事。聰明人在與同事交往的過程中，從不把話說死、說絕，說得自己毫無退路。

真正有格局的人，不僅在與同事一點一滴的日常交往中，為自己累積最大限度的「人緣」，同時也會給對方留有相當大的餘裕。給別人留面子，實際也就是給自己賺面子。

化解窘境或危機，有很多技巧可用。譬如，有時候可以偷換概念，故意在領會對方的意思時出現偏差失誤，以求達到與己有利的效果。顯而易見，其中出現的偏差或失誤，是

> 為別人留台階，就是為自己鋪路

偏向對自己有利的一面。在日常生活和工作中，巧妙地運用這種技巧，可以很好地化解自己面臨的困窘或危機。

　　時時想到保留他人的面子，這是何等重要的問題！而我們卻很少有人考慮到這個問題。許多人常常喜歡擺架子、我行我素、挑剔、恫嚇，在眾人面前指責同事或下屬，卻沒有考慮到是否傷了別人的自尊心。其實，只要多考慮幾分鐘，講幾句關心的話，為他人設身處地想一下，就可以緩和許多不愉快的場面。

　　古代有位名叫郭解的大俠。有一次，洛陽某人因與他人結怨而心煩，多次請求地方上有名望的人士出來調停，對方就是不給面子。後來他找到了郭解，請他來化解這段恩怨。

　　郭解接受了這個請求，親自上門拜訪與洛陽某人結怨的那個人，做了大量的說服工作，好不容易使這人同意了和解。照常理，郭解此時不負所托，完成這一化解恩怨的任務，可以說是功德圓滿了。可郭解還有高人一著的棋，有更巧妙的處理方法。

　　一切講清楚後，他對那人說：「聽說過去有許多當地有名望的人調解過這個事，但因不能得到雙方的共同認可而沒能達成共識。這次我很幸運，你也很給我面子，讓我解決了這件事。我在感謝你的同時，也為自己擔心，我終究是外鄉人，在本地人出面不能解決問題的情況下，我這個外地人解決了，未免會使本地那些有名望的人感到丟面子。」他進一步說：「請你再幫我一次，從表面上要做到讓人以為我出面

也沒有解決問題。等我明天離開此地,本地幾位紳士、俠客還會上門,你把面子給他們,讓他們完成這一美舉吧。拜託了。」

郭解把自己的面子扯下來,決意送給其他有聲望的人,其心態之高,其心態之平,實在令人感佩。

當然,給別人面子一定要自然,不要讓對方明白,這是你有意使然,否則便顯得你很虛偽,別人對這種面子也不會感興趣。其中最難的是,起初你還能以理智自持,到後來,或許一時衝動,好勝之心勃發,擔心自己沒有珍惜體現自身價值的機會而不肯讓步,也是常有的事。當你有意無意間在語氣上、舉止上流露出故意讓步的意思時,那就白費心機了。

給人面子應成為自己處身立世的自覺行動,這樣才能實現它的真正意義,否則便違背了人情帳戶的操作規則。

如何交友就有一個如何做人情的問題。朋友之間沒有人情往來,友誼就會淡漠,甚至消失。朋友之間人情不但要做,而且一定要做足。

做人情只做一半,叫幫倒忙,越幫越忙,非但如此,還會影響信任度,說話不算數的朋友誰都不願意結交。

人情做充分,就是不僅要做完,還要做好,做得漂亮。如果你答應幫朋友辦某件事,就要盡心去做,不能做得勉勉強強。如果做得太勉強了,即使事情成了,你勉強的態度也會讓他在感情上受到傷害。

> 為別人留台階，就是為自己鋪路

做足人情，還有一個意思，就是你欠了朋友的人情，還的時候，要還足，甚至還更多。你的人情大於他的，他就得記著新的人情，朋友之間的帳，永遠也算不清。從某種意義上講，這種算不清的帳，無疑成了與朋友之間聯繫的一種紐帶。

朋友之間的情誼，是用人情在維繫的，所以在做人情方面，一定要看得開，決定去做的人情，一定要做足，做足人情並非自己「自作多情」「一個願打，一個願挨」，而是「放長線釣大魚」。人情做足了，才具有殺傷力。

把人情做足，好人做到底，在朋友最困難、最需要幫助的時候，給他幫助，那麼，日後你得到的回報將會更大。

我們每個人都是平等的，你只有用愛來交換愛，用信任來交換信任。

—— 馬克思

滿足別人的虛榮心

人人都有虛榮心，覺察到別人的虛榮心，並適當地給予滿足，是做人的一大「心計」。有「心計」的人會適當地滿足別人的虛榮心，讓別人對他心存感激。

美國心理學專家卡內基（Dale Harbison Carnegie）在其《美好的人生》一書中，講述了他的一段經歷。

第六篇　退一步，海闊天空

　　從卡內基家步行一分鐘，就可以到達森林公園。他常常帶一隻叫雷斯的小獵狗到公園散步。因為他們在公園裡很少碰到人，這條狗又友善不傷人，所以卡內基常常不替雷斯繫狗鏈或戴口罩。

　　有一天，他們在公園遇見一位騎馬的警察。警察嚴厲地說：「你為什麼讓你的狗跑來跑去而不給牠繫上鏈子或戴上口罩？你難道不曉得這是違法的嗎？」

　　「是的，我曉得。」卡內基低聲地說，「不過，我認為牠不至於在這裡咬人。」

　　「你認為！你認為！法律是不管你怎麼認為的。牠可能在這裡咬死松鼠，或咬傷小孩。這次我不追究，假如下次再被我碰上，你就必須跟法官解釋了。」

　　卡內基的確照辦了。可是，他的雷斯不喜歡戴口罩，他也不喜歡牠那樣。一天下午，他和雷斯正在一座小山坡上賽跑，突然，他看見那位執法大人正騎在一匹棕色的馬上。

　　卡內基想，這下栽了！他決定不等警察開口就先發制人。他說：「先生，這下你當場逮到我了。我有罪。你上星期警告過我，若是再帶小狗出來而不替牠戴口罩，你就要罰我。」

　　「好說，好說，」警察回答的聲調很柔和，「我曉得在沒有人的時候，誰都忍不住要帶這樣一條小狗出來蹓躂。」

　　「的確忍不住，」卡內基說道，「但這是違法的。」

「哦，你大概把事情看得太嚴重了。」警察說，「我們這樣吧，你只要牠跑過小山，到我看不到的地方，事情就算了。」

那位警察也是一個人，他要的是一種重要人物的感覺，而卡內基的所言正好滿足了警察的虛榮心。

你要是知道有某人想要或準備責備你，就自己先把對方要責備人的話說出來，十之八九他會以寬大、諒解的態度對待你，原諒你的錯誤——正如那位警察對待卡內基那樣。

泰戈爾（Rabindranath Tagore）說，當我們大為謙卑的時候，便是我們最近於偉大的時候。遇到不熟悉的事物，不要妄加斷言，也不要著急下結論，更不要隨便打聽，尤其是別人隱私方面的事情。如果對方自己得意揚揚，他會迫不及待告訴你的；如果人家遲遲沒有開口，或是諱莫如深，你最好知趣點，趕緊扯開話題，照顧一下別人的虛榮心。

人之短處，要曲為彌縫，如暴而揚之，是以短攻短。

——《菜根譚》

善待別人的尷尬

在憂愁的人面前不要表現出快樂，在哭泣的人面前不要發出笑聲，在失意者的面前不要表現得矜持，在別人尷尬時，要善待別人的尷尬，盡量幫其解圍，使其脫離困境。

第六篇　退一步，海闊天空

在一次家宴上，小周一直在抱怨水煮魚不好吃：「要是讓姨媽做就好了，她做這道菜是很有名的。」姨媽在旁邊微笑不語。弟弟白了小周一眼：「這菜是姨媽今天特地做給你吃的。」小周大驚之下，知道自己出言不慎，一時不知如何解釋，臉一下子紅了。姨媽笑著對小周說：「不用難為情嘛！這菜不好吃是事實，我把鹽放多了，明天姨媽重做，讓你們嘗嘗，並提提意見，讓我這手藝更加有名。」

這類事情生活中也常碰到，別人會因為無意中傷害到你而感到羞愧萬分，左右不是，這時你不妨用恰當的言辭寬容待之。

鄧老師前幾天與愛人吵架，今早剛剛和好，不知從哪裡聽說女兒受了委屈的丈母娘一早便氣勢洶洶地到學校找女婿評理。見此情景，一位年輕老師趕快打圓場說：「伯母，怎麼您來時沒碰到您的女兒啊？她說要到商場給鄧老師買身衣服，還要去市場買些肉請您老人家吃飯呢！」別的老師也隨聲附和，老太太一聽，知道女兒女婿已經和好，也不好意思再鬧下去，樂呵呵地走了。事後，鄧老師真的請岳母吃了飯。

因此，在你能夠幫上忙或是為別人做出解釋的情況下，你應當盡可能地幫助他走出進退兩難的尷尬境地，而千萬不要在旁邊幸災樂禍。讓人尷尬的事總是突如其來，不管你與他是素不相識，還是相知好友，在別人突然陷入尷尬境地的時候，你都該盡可能地伸出援助之手，幫他解圍。

> 為別人留台階，就是為自己鋪路

在別人出洋相的時候發出笑聲是極不禮貌的舉動，也可以說是對別人的侮辱。儘管你在笑時並不存什麼惡意的譏諷，但別人會認為這是對自己出醜的嘲弄，而感覺受到侮辱。

在日常生活中，馬路上不小心跌倒、大庭廣眾下說句錯話或是衣服釦子突然崩掉，等等，都是很平常的事，應盡量做到見慣不驚，不要貿然發笑，要給人留下一個好印象。

在別人尷尬的時候，如你實在不便插話幫助解圍，那麼最好的辦法就是視而不見，暫時離開，讓別人能夠無所顧慮地處理這些意外，對自己的難堪也就能夠心平氣和了。

把別人的尷尬事情當作故事、笑話四處張揚，這是不道德的，難堪事越少被人知道越好。如果你在這方面不注意的話，就很容易招致別人的反感。不管有無取笑的因素，都不要隨意傳播別人的尷尬事情，這是對別人應該有的尊重。

功成身退,是最大的智慧

謝事當謝於正盛之時,居身宜居於獨後之地。

—— 《菜根譚》

功遂身退,天之道。

—— 《道德經》

功成身退是明智的生存方法

權力是一種陷阱,權力越大,危險越大。聰明的人知道急流勇退,明哲保身。像西漢張良,為高祖平定天下立了汗馬功勞,被封為萬戶侯,處高位卻並不癲狂,放棄了權位,雲遊四海。但更多的人則貪戀權位,最終只能落得個悲慘結局。

南宋時的韓侂冑曾經擔任南海縣縣尉,當時他聘用了一個賢明的書生,並十分信任這個書生。但是後來韓侂冑升遷了,兩人便斷了聯繫。即使這樣,韓侂冑每次遇到一些棘手的事情時,總會想起那位書生。

那位書生後來中了進士,為官一任後,不想再在官海中打拚,於是賦閒在家。一天,那位書生忽然來到韓府,求見韓侂冑。韓侂冑便藉機要他留下做幕僚,並給他豐厚的待

功成身退，是最大的智慧

遇。盛情難卻，書生只好答應留下一段時日。但不久之後，書生還是提出要走，韓侂胄無奈，設宴為他餞行。席間，韓侂胄悄悄問書生：「我現在掌握國政，謀求國家中興，外面的輿論怎麼說？」

書生立即皺起了眉頭，然後將一杯酒一飲而盡，嘆息道：「平章的家族，面臨著覆亡的危險，沒什麼好說的了。」

書生從來不說假話，這一點，韓侂胄非常清楚。因此聽了書生的話後，韓侂胄的心情變得沉重起來，苦著臉問：「真有這麼嚴重嗎？為什麼呢？」

書生非常奇怪韓侂胄為什麼至今對此事還毫無察覺，便說：「危險昭然若揭，平章為何視而不見？冊立皇后，您沒有出力，因此，皇后肯定對您心生怨恨；確立太子，您也沒努力，太子自然也會仇恨您；朱熹、彭龜年、趙汝愚等人均被時人稱作『賢人君子』，而您卻要把他們撤職流放，士大夫們肯定對您不滿；您積極主張北伐雖然沒有什麼不妥，但是因此而使得軍士傷亡慘重，戰場上遍地屍骨，到處都能聽到陣亡將士親人的哀哭聲，軍中將士難免要記恨您；為了準備北伐，內地老百姓承受了沉重的軍費負擔，很多人因此而幾乎無法生存，所以老百姓也會歸罪於您。您以一己之身，怎能擔當起這麼多的怨氣仇恨呢？」

韓侂胄一聽，方感到事情的嚴重，忙問：「你我雖為上下級，但是親如手足，你能見死不救嗎？快告訴我，我該怎麼辦？」

第六篇　退一步，海闊天空

　　書生沉吟許久，才說：「有一個辦法，但我恐怕說了也是白說。我衷心地希望平章您這次能採納我的建議。看得出來，當今的皇上不會太貪戀君位，那麼，如果您能迅速為太子設立東宮建制，然後勸說皇上及早把大位傳給太子，太子對您就會由仇視轉為感激了。太子一旦即位，皇后就被尊為皇太后，那時，即使她還怨恨您，也無力再報復您了。接著，您就趁輔佐新君的機會刷新國政。您要追封在流放中死去的賢人君子，撫卹他們的家屬，把活著的人召回朝中，加以重用，這樣，您和士大夫們就重歸於好了。您還需要安靖邊疆，勿輕舉妄動，還要重重犒賞全軍將士，厚卹死者。這樣，您就能消除與軍隊間的隔閡。您還要削減政府開支，減輕賦稅，讓老百姓嘗到其中的甜頭。這樣，老百姓就會稱頌您。最後，您還要選擇一位當代的大儒來接替您的職位，自己告老還鄉。您若做到以上這些，或許就能轉危為安，變禍為福了。」

　　韓侂冑素來貪戀權位，哪肯讓賢退位？再者，北伐中原，統一天下，一直是他沒有實現的夢想，至今仍是雄心勃勃，哪肯善罷甘休？書生見韓侂冑無可救藥，不想受池魚之殃，便離他而去了。

　　後來，韓侂冑發動「開禧北伐」，遭到慘敗。南宋被迫向北方的金國求和，金國則把追究首謀北伐的「罪責」作為議和的條件之一。開禧三年，在朝野中極為孤立的韓侂冑被南宋政府殺害，他的首級也被裝在匣子裡送給了金國。

> 功成身退，是最大的智慧

其實這些專權的人都是「愚人」，他們把權力都攬在自己手中，得勢時受人巴結奉迎，炙手可熱，門庭若市。他們擁有生殺予奪的大權，用眼神和面色就可以差遣別人，別人對他們恭敬畏懼，不敢仰視他們。他們就是小人得勢，而權勢又使他們如虎添翼，但是一旦勢去，災禍來臨，躲也來不及。

秦始皇的丞相李斯因為權力過重，被秦二世腰斬於咸陽市。李斯臨死時對他的兒子說：「吾欲與若復牽黃犬，俱出上蔡東門逐狡兔，豈可得乎？」李斯至死才明白，權力哪裡能與牽黃犬逐狡兔的悠閒生活相比呢！

不在其位，不謀其政。

——《論語》

不在其位，不謀其政

人生是個大舞臺。每個人都有自己的位置，都在扮演著自己的角色。一旦有角色越軌出位，舞臺秩序便會被破壞，這場戲便會受到或大或小的影響。所以，我們每一個人，要明白自己在生活中的角色，要分清自己的權力和責任。要做的事情要盡力做得完善，應當承擔的責任也要勇敢去承擔，而不當做的事情就不要輕易去插手。

承擔責任在不同的工作狀態下有不同的形式。但一個總

第六篇　退一步，海闊天空

的原則是要熟悉自己的職位職責，明瞭自己的許可權。在自己工作職責內的問題，就要主動地予以解決；如果等主管來安排你去工作時，就是你的失職。而如果工作很棘手，處理起來很困難，或根本處理不了，你就要主動把這個情況向有關主管彙報，由主管去處理，而不是等主管問起來的時候，才推說你不知道怎麼做。須知，及時彙報是下屬面對疑難問題的底線處理方法。

漢文帝時期，政府實行無為而治、休養生息的政策，社會經濟獲得了較大的發展，成就了歷史上有名的「文景之治」。

一天，文帝在朝會時問右丞相周勃：「天下一年審理和判決的訴訟案件有多少？」

周勃謝罪回答說：「不知道。」

文帝又問：「天下一年錢糧的收入和開支各是多少？」

周勃又謝罪說不知道，同時嚇得汗流浹背，心裡因不能對答而感到慚愧。

文帝看到周勃回答不上來，又問左丞相陳平同樣的問題。陳平回答說：「這些都該問主事的官員。每年的訴訟案件可去問廷尉，錢糧的開支可去詢問治粟內史。」

「如果各個部門都有主管的人，那麼你主管的又是什麼呢？」文帝反問。

陳平抱歉地說：「臣子感到不安的是，陛下不知道我們才

疏智淺，卻讓我們占據宰相職位。宰相的職責是在上輔佐天子，對內親撫百姓，使朝廷百官各司其職，對外鎮撫四夷和諸侯。」

文帝聽後，對陳平大加讚賞。

周勃極其慚愧，他退朝後埋怨陳平道：「您為何不在平時教我對答呢？」陳平笑著說：「您身居丞相之位，不知道丞相的職責嗎？如果陛下詢問長安城裡盜賊的數目，您自己也要勉強回答嗎？」

這時，周勃內心明瞭自己的才能不如陳平，不久之後就託病回家，請求免除右丞相的職務。這樣一來，陳平不單升任右丞相，而且獨攬左右丞相大權。

「在其位，謀其政」。當宰相的職責是要指導百官各司其職，抓大事，抓全面，抓總體，而不能越俎代庖，各行各業的具體工作必須由各行各業的官員去做。

陳平巧妙地回答文帝的提問，委婉地將自己的意思告訴了文帝，既表明了自己的職責，又自謙地做了自我反省，文帝對陳平的回答當然非常滿意。

當主管的也是人，他不可能什麼都懂，樣樣皆通。不要濫用權力，不要隨時隨地斥責或命令下屬做事情，也不要過多地干涉下屬的工作。要適當放權，讓下屬有更大、更多的主觀能動性，這樣事情會做得更好。

做員工的要切切實實做好屬於自己分內的事情。不屬於

第六篇　退一步，海闊天空

自己分內的事情，一定要及時報告。在其位，謀其事；不在其位，不謀其事。超越自己的職權行事，事情做得再好後果也不會好。因為，你這是不尊重他人，侵犯了他人的權力，冒犯了他人的尊嚴。對同事是這樣，對上司也是這樣。

知人者智，知己者明。要知道自己的長處和短處，分清自己的權力和責任，要知道事分可為和不可為兩類。屬於自己職責範圍之內的事情，你不得推脫；不屬於自己職責範圍之內的事情，就不要輕易插手，以免冒犯他人，好心辦壞事。有所選擇當然也要有所拒絕，要知道，在適當的時候拒絕做某事。

做下屬的，有時候為了自己的權益和尊嚴，同樣也要拒絕上司過分的要求。只有在懂得有所選擇有所拒絕，正確取捨之後，我們才有更多的時間與精力去選擇做更有意義的事情。

持而盈之，不如其已。揣而銳之，不可長保。金玉滿堂，莫之能守。富貴而驕，自遺其咎。功遂身退，天之道也。

──《道德經》

功遂身退，急流勇退

手拿一隻杯子，往裡面加水，當水滿的時候，我們還不停地往裡加，結果會怎樣呢？這是三歲的小孩都能回答的問

> 功成身退,是最大的智慧

題,水滿了當然會溢出來。換一個問題:我們拉滿弓後繼續用勁拉,結果會怎樣呢?毫無疑問,當然是弦被我們拉斷了。這兩個小問題同出一源,那就是「滿招損」,這個道理無人不曉,無人不懂。但要是與我們的實際生活和我們自身的欲望掛起鉤來,恐怕就很少有人能夠真正明白了。

人的欲望是無止境的,這是人的本性使然。我們人類如何克服自身的弱點,這是個非常重要的問題。

讓我們且看鋒利的劍吧,它又尖又銳,鋒芒畢露,然而鋒刃易卷,再磨再損,不久就會被人捐棄。因而老子說,越尖銳的東西,越不會長久保存。

物極必反,太滿會溢,太尖利會斷,這就啟示我們要適可而止,進退有度。太露鋒芒就會遭人忌妒和陷害,不如到一定的時候退而隱之,即「功遂身退」,絕不可最大限度地滿足自己的欲望。退而隱之不是形式上的退居深山,而是要有功不倨傲,有名不恃名,有財不揚財,這就叫遵循大道。

大道就是如此,它滋養萬物而不居功,沒有恩義的對待,也就無所謂報答;萬物接受大道的恩典,不去報答,大道和萬物彷彿毫無關聯,所以也就沒有怨恨和忌妒,一切都是自然而然的。人類只有和大道同步才能做到收放自如、進退有度,才能達到失也是得、退也是進的境界。

人貴知足,張良在協助劉邦取得天下後,毅然謝封歸隱;

第六篇　退一步，海闊天空

范蠡在幫助勾踐完成復國大計後，也悄然引退，後來經商有道，人稱陶朱公。

懂得見好就收的這些人，如范蠡、張良，轉換跑道後都有不錯的表現；相反，同樣幫助劉邦建立漢王朝的韓信，因為捨不得離開自己的官位而招致殺身之禍。

這些歷史上正反面印證「急流勇退」的有名故事說明了一個道理，就是任何事情在達到巔峰之後，都會走下坡，而災禍也隨之而來。雖然功成身退的道理人人都懂，然而現世人大都難以領悟這保全自己的不二法門。人們總要到狼狽不堪的地步時才來追悔。

執持盈滿，不如適可而止。將鐵器磨出鋒利的刃，不可長久保持刃的鋒利。金玉滿堂，不能長久守住。富貴而驕縱，是自己給自己帶來禍害。功成身退是自然執行的規律。請記住：功遂身退，急流勇退。

讓利的氣度，成就更長遠的影響力

> 路徑窄處，留一步與人行；滋味濃時，減三分讓人嘗。
>
> ——《菜根譚》

> 人情反覆，世路崎嶇。行不去處，須知退一步之法；行得去處，務加讓三分之功。
>
> ——《菜根譚》

學會放棄，須知有捨才有得

人情冷暖變化無常，人生的道路崎嶇不平。因此，遇到走不通的地方，必須明白退一步的處世之法；而在一帆風順的時候，一定要有謙讓三分好處給他人的胸襟和美德。

電視上有一個娛樂節目，內容就是數鈔票比賽。主持人拿出一大沓鈔票，這一大沓鈔票，面值不一而且雜亂重疊，在規定的三分鐘內，讓現場選拔的四名觀眾進行點鈔比賽。這四名參賽的觀眾中，誰數的最多，數目又準確，那麼，他就可以獲得自己剛剛所數得的現金。

主持人將遊戲規則一宣布，頓時引起全場轟動。大家都認為，在三分鐘內，不說數幾萬，應該也能數出幾千來吧。而在短短的幾分鐘內，就能獲得幾千塊錢的獎勵，能不叫人感到刺激和興奮嗎？

第六篇　退一步,海闊天空

　　遊戲開始了,參賽的四個人埋頭迅速地數起了鈔票。當然,在這三分鐘內,主持人是不會讓你安心點鈔的。他拿著話筒,輪流給參賽者出腦筋急轉彎的題目,來打斷他們的正常思路,並且,只有答對題才能接著往下數。

　　幾輪提問下來,時間就到了,四位參賽觀眾手裡各拿了厚薄不一的一沓鈔票。主持人拿出一支筆,讓他們寫出剛才所數鈔票的金額。第一位,三千四百七十二元;第二位,五千八百三十六元;第三位,也數出了四千八百八十九元的好成績;而第四位,只數出區區五百元。

　　四個觀眾所數鈔票的數目,相距甚遠。當主持人報出這四組數字的時候,臺下頓時一片閧笑聲。臺下的觀眾們都不理解,為什麼第四位觀眾數得那麼少呢?

　　這時,主持人開始當場核對各位參賽者所數鈔票數目的準確性。眾目睽睽之下,主持人把四名參賽觀眾所數的鈔票重新數了一遍,正確的數目分別是:三千三百七十二、五千八百三十一、四千八百七十九以及五百。也就是說,前三名數得多的參賽觀眾,不是多計了一百元,就是多計了五元或十元,距離正確數目,都只是一「票」之差。只有數得最少的第四位,才完全正確。

　　按遊戲規則,也只有第四位觀眾才能獲得五百元獎金,而其他的三位參賽觀眾,都只是緊張地做了三分鐘的無用功。

　　看到這樣出乎意料的結果,臺下的觀眾議論紛紛。這時,主持人拿著話筒,很嚴肅地告訴大家一個祕密:自從這

> 讓利的氣度，成就更長遠的影響力

個節目創辦以來，在這項角逐中，所有參賽者所得的最高獎金，從來沒人能超過一千元。全場觀眾若有所悟。

主持人最後說：「有時，聰明地放棄，其實就是經營人生的一種策略，也是人生的一種大智慧。不過，它需要更大的睿智和格局。」

要想成功就要學會放棄，只有放棄眼前小利益，才能獲得長遠大利益，這就是成功之道。聰明地放棄，表面上看是失去，而實際上卻能讓你得到更多。就像在你擁有六個蘋果的時候，如果你把六個蘋果全都吃掉，你也只吃到了一種味道，那就是蘋果的味道。如果你把六個蘋果中的五個拿出來分給別人，儘管表面上你丟了五個蘋果，但實際上你卻得到了五個人的友情和好感。

當別人有了別的水果，也一定會和你分享，你會從這個人手裡得到一個橘子，從那個人手裡得到一個梨，最後你可能就得到了六種不同的水果，六種不同的味道，六種不同的顏色和五個人的友誼。

人一定要學會用自己擁有的東西去換取對自己更加重要和豐富的東西。所以說，放棄是一種格局。每一次放棄都必須是一次昇華，否則就不要放棄；每一次選擇都必須是一次昇華，否則就不要選擇。做人最大的樂趣就在於透過奮鬥去獲得我們想要的東西，有缺點意味著我們可以進一步完美，有匱乏之處意味著我們可以進一步努力。

第六篇　退一步，海闊天空

> 石火光中爭長競短，幾何光陰？蝸牛角上較雌論雄，許大世界？
>
> ——《菜根譚》

讓他三尺又何妨

《聖經‧馬太福音》中說：「你希望別人怎樣對待你，你就應該怎樣對待別人。」為一些日常生活中雞毛蒜皮的小事鬧得面紅耳赤，打得頭破血流，實在是遠遠不如心平氣和，讓人三分，彰顯出自己不一般的氣度來得划算。

清朝康熙年間，官至文華殿大學士兼禮部尚書的張英，一日忽然接到老家書信。拆開一看，方知家人與鄰居發生爭執，起因是隔開兩家院子的牆塌了，重新砌牆時都為多占些地皮而寸土不讓。家人捎書來請他出面說話，以讓鄰居退讓。

不久，張英的家人收到了盼望已久的回信，裡邊卻只有一首詩：

千里修書只為牆，讓他三尺又何妨。

萬里長城今猶在，不見當年秦始皇。

家人明白了其中的道理，主動往後退讓三尺，鄰居見狀，深感其義，也往後退讓了三尺，於是中間就出現了一條六尺寬的衚衕，可供村民行走。村人於是將這條衚衕命名為「仁義衚衕」。

讓利的氣度，成就更長遠的影響力

「讓他三尺又何妨」──說得真好！它讓人們懂得了謙讓是美德。試想，如果當初張英不是勸說家人退讓，而是借勢壓人，或慫恿家人與對方抗爭，那結果又會怎麼樣？

做人做事要懂得退讓，這不是軟弱，而是尊重對方，同時也體現出自己的格局，是容忍大度，識大體的表現。退讓一步，海闊天空。在有矛盾糾紛時，退讓能夠將大事化小，小事化了，使雙方關係更加融洽。

戰國時期，梁、楚兩國相鄰。梁國邊境縣的縣令一職由梁國的大夫宋就擔任。

兩國邊境的老百姓各自種了一塊瓜田。梁國邊境的百姓十分勤勞，肯於吃苦，經常澆水灌溉他們的瓜田，因此他們的西瓜長勢很好。而楚國邊境的百姓比較懶惰，很少去澆灌他們的瓜田，他們種的西瓜長勢自然不好，有的瓜秧甚至根本就不結瓜。

看到梁國的瓜田綠油油的，比自己的瓜田長勢好，楚國邊境的百姓十分忌妒，就在夜間偷偷去扒亂梁國的瓜秧，使梁國的不少瓜秧因枯乾而死。

不久，梁國邊境的百姓發覺這件事，氣憤不過，就向縣尉請求：允許他們也偷偷到楚國的瓜田，扒亂瓜秧，進行報復。

因為這件事可能造成兩國邊境事端，事態嚴重，縣尉不敢擅自做主，便去請示縣令宋就。

第六篇　退一步，海闊天空

　　宋就知道了以後，說：「我教給你處理這件事的辦法，你必須每天夜晚派人前去，偷偷地給對方澆灌瓜田，還要讓他們不知道。」縣尉聽了，感到很為難，但這是縣令的意思，他不敢違抗，只好把縣令的話轉告給了老百姓。百姓們更不明白這其中的意思，但既然這是縣令的命令，他們不敢不照縣令的意思去做。

　　於是，梁國邊境的百姓就在每天夜裡前去，偷偷地澆灌楚國邊境的瓜田。就這樣，在梁國邊境百姓的幫助下，楚國邊境的瓜田長勢一天比一天好起來。楚國邊境的百姓感到十分奇怪，便暗中察訪，才知道是梁國邊境的百姓在偷著幫他們灌溉瓜田。

　　楚國邊境的百姓大受震撼，便把這件事向縣令報告了，縣令聽後，就把這件事呈報給楚王。

　　楚王聽了這件事，對國人的表現感到十分慚愧，就對官吏說：「你們的邊境人員除了扒亂人家的瓜秧，能沒有其他罪過嗎？」楚王的言外之意是要求官吏嚴格約束部下，檢查有沒有其他向對方挑釁的事件。同時，梁國百姓的做法也讓楚王十分感動。楚王便派人帶著豐厚的禮品向梁國邊境的百姓道歉，並請求與梁國交往。從此兩國建立了很好的邦交。

　　梁國百姓沒有計較楚國百姓對他們瓜田的破壞，而是用自己的行動展示了他們對鄰國的友好，從而建立了兩國的友好邦交關係，換來投桃報李的良好結果。

　　生活在凡塵俗世，難免與人磕磕碰碰，難免被人誤會猜

疑。如果非得以牙還牙，拚個你死我活，非得為自己辯駁澄清，必然導致兩敗俱傷。

「讓他三尺又何妨」──當你面對矛盾與摩擦時，不妨想想這句話，它會幫你做出理性的選擇！

江海所以能為百穀王者，以其善下之，故能為百穀王。是以聖人欲上民，必以言下之。欲先民，必以身後之。是以聖人處上而民不重，處前而民不害。是以天下樂推而不厭，以其不爭，故天下莫能與之爭。

──《道德經》

以其不爭，故天下莫能與之爭

「以其不爭，故天下莫能與之爭。」這是一個充滿大格局的做人哲學。

有一條汽車線路，是從小港口開往火車站的。客運公司僅安排兩輛公車來回對開。開一〇一的是一對夫婦，開一〇二的也是一對夫婦。坐車的大多數是一些船民，由於他們長期在水上生活，因此，一進城往往是一家老小。

一〇一號的女主人很少讓船民給孩子買票，即使是一對夫婦帶幾個孩子，她也視若無睹，只要求船民買兩張成人票。有的船民過意不去，執意要給大點的孩子買票，她就笑著對船民的孩子說：「下次給帶個小河蚌來，好嗎？這次讓你免費坐車。」

第六篇 退一步，海闊天空

一○二號的女主人恰恰相反，只要有帶孩子的，大一點的要全票，小一點的也得買半票。她總是說，這車是承包的，每月要向客運公司交多少多少錢，哪個月不交足，馬上就做不下去了。船民們也理解，如今生意不好做，幾個人就掏幾張票的錢，因此，每次也都相安無事。

三個月後，一○二號不見了，聽說停開了。它應驗一○二號女主人的話「馬上就做不下去了」，因為搭她車的人很少。

一○一號的女主人明白「爭是不爭，不爭是爭」的道理。可惜的是，能參悟和運用這一做人哲學的人實在是鳳毛麟角。在名利權位面前，人們常常爭得你死我活，但最後大都落得遍體鱗傷、兩手空空的結局，有的甚至身敗名裂、命赴黃泉。

三國時的曹丕就是個深諳此術而獲得成功的人。曹操對接班人的挑選很注重。長子曹丕雖為太子，但次子曹植更有才華，很受曹操器重。於是曹操便有了更換太子的念頭。

曹丕在得知這個消息後十分恐慌，急忙向他的貼身大臣賈詡請教對策。賈詡說：「願您有德性和度量，像個寒士一樣做事，兢兢業業，不要違背做兒子的禮數就行了。」曹丕深以為然。

有一次曹操親征，曹植做了一篇歌功頌德的文章來討父親歡心，並顯示自己的才能。而曹丕卻伏地而泣，跪拜不起，一句話也不說。當曹操詢問他原因時，曹丕便哽咽著

> 讓利的氣度，成就更長遠的影響力

說：「想父王年事已高，還要掛帥親征，我心裡是既擔憂又難過，因此說不出話來。」

一言既出，滿朝肅然，大家都為太子的仁孝而感動。反而覺得曹植只知道為自己揚名，有悖人子孝道，作為一國之君恐怕難以勝任。畢竟寫文章不能代替德行和治國的才能，結果太子還是原先的太子。曹操死後，曹丕順理成章地登上了魏國的皇位。

其實最初，曹丕是極不甘心自己的太子之位被奪走的。他想拚死一爭，卻又明知自己的才華遠在曹植之下，勝算極微。但他畢竟是個聰明人，一經賈詡點化頓時明白：與其爭不贏，不如不爭，我只需恪守太子的本分，讓對方一個人盡情去表演吧！最後，這場兄弟奪嫡之爭，以不爭者勝而告終。正因為不與人相爭，所以遍天下沒人能與他相爭。

第六篇　退一步，海闊天空

第七篇

待人寬厚，留餘地就是留後路

知常容，容乃公，公乃王，王乃天，天乃道，道乃久，沒身不殆。

——《道德經》

> 言不說盡，事不做絕，
> 給自己與他人轉圜空間

處世讓一步為高，退步即進步的張本；待人寬一分是福，利人實利己的根基。

—— 《菜根譚》

人生得有餘氣，便有受用處。言盡口說，事盡意做，此是薄命子。

—— 《呻吟語》

寬厚待人，得饒人處且饒人

洛克斐勒（John Davison Rockefeller）告訴兒子說：「走上坡的時候要對別人好一點，因為你走下坡的時候會碰到他們。」

人生一世，千萬不要使自己的思維和言行沿著某一固定的方向發展，直到極端，而應在發展過程中冷靜地判斷各種可能發生的事情，以便能有足夠的餘裕來採取應對措施。

宋朝時，有一位精通《易經》的大哲學家邵康節，與當時的著名理學家程顥、程頤是表兄弟，和蘇東坡也有往來。但「二程」和蘇東坡一向不和。

言不說盡，事不做絕，給自己與他人轉圜空間

在邵康節病重的時候，「二程」弟兄在病榻前照顧。這時外面有人來探病，程氏兄弟問明來的人是蘇東坡後，就吩咐下去，不要讓蘇東坡進來。

躺在床上的邵康節，此時已經不能再說話了，他就舉起雙手，比成一個缺口的樣子。程氏兄弟有點納悶，不明白他這個手勢是什麼意思。

不久，邵康節喘過一口氣來，說：「把眼前的路留寬一點，好讓後來的人走。」說完，他就嚥氣了。

邵康節的話很有道理，因為事物是複雜多變的，任何人都不能憑著自己的主觀臆斷，來判定事情的最終結果。人的一生，更是浮沉不定，常常難以自料。

韓琦在北宋時長期擔任宰相職務。他在統率部隊時，夜間伏案辦公，一名侍衛拿著蠟燭為他照明。那個侍衛一時走神，蠟燭燒了韓琦鬢角的頭髮，韓琦忍著痛，什麼也沒說，只是忙用袖子蹭了蹭，繼續低頭寫字。

韓琦過了一會兒一回頭，發現拿蠟燭的侍衛換人了，他怕主管侍衛的長官鞭打那個侍衛，就趕快把他們召來，當著他們的面說：「不要換他，因為他已經懂得怎樣拿蠟燭了。」

韓琦提供的「臺階」減輕了身邊眾人，尤其是那位士兵的壓力，這比批評和責罰更能讓士兵們改正缺點，盡職盡責，並且從心裡感激他、愛戴他，心甘情願為他效力。從韓琦的另一件事上同樣可見其格局。

第七篇　待人寬厚，留餘地就是留後路

　　韓琦鎮守大名府時，有人獻給他兩隻精美的玉杯，這兩隻玉杯表裡毫無瑕疵，是稀世珍寶。韓琦非常珍愛，送給獻寶人許多銀子。每次大宴賓客時，總要專設一桌，鋪上錦緞，將那兩隻玉杯放在上面使用。在一次勸酒時，玉杯被一個官員不小心碰到地上摔個粉碎。

　　在座的官員驚呆了，碰壞玉杯的官員也嚇傻了，趴在地上請求治罪。韓琦卻笑著對賓客說：「大凡寶物，是成是毀，都有一定的定數，該有時它就出來了，該壞時誰也保不住。」說完又請起趴在地上的官員，對他說：「你偶然失手，並非故意的，有什麼罪過呢？」

　　玉杯既已被打碎，無論怎樣也不能復原，如果責罵一頓肇事者，徒然多了一個仇人，眾位賓客也會十分尷尬，一場聚會便不歡而散，也會損害自己的形象。而他「寶物自有其定數」之言一出，就給對方留了一個臺階下。這樣做既顯示了韓琦的寬容大度，博得眾人的讚嘆，又使肇事者對他感激涕零。

　　韓琦在帶兵抵禦西夏時，曾有「軍中有一韓，敵人聽了就膽寒」的威名。元代吳亮曾評價他：「功勞天下無人能比，官位升到臣子的頂端，但不見他沾沾自喜；所擔的責任重大，經常在宦海的不測之禍中周旋，也不見他憂心忡忡。」韓琦的一生，能取得如此巨大的功勞和成就，與他在做人做事上，善於為對方考慮，為對方留下「臺階」的成熟練達，有著

> 言不說盡，事不做絕，給自己與他人轉圜空間

密切關係。

留餘地，其實包含兩方面的意思，給別人留餘地，無論在什麼情況下，也不要把別人推向絕路，不可逼人於死地，這樣會迫使對方做出極端的反抗，而事情的結果對彼此都沒有好處。另外，給自己留餘地，讓自己行不至絕處，言不至極端，有進有退，以便以後可以機動靈活地處理事務，解決複雜多變的問題。

不給別人留餘地，就等於伸手打別人耳光的同時，也在打自己耳光。人生就是這樣，不讓別人為難，就是不讓自己為難，讓別人活得輕鬆，就是讓自己活得自在，這就是留餘地的妙處。給別人留有餘地，他一定會感激你，協助你，這也就等於給了自己一次成功的機會。要培養自己的這種美德，切記以下「四絕」：權力不可使絕；金錢不可用絕；言語不可說絕；事情不可做絕。

而一位作家則對於如何做到得饒人處且饒人，進行了詳細的描述：

「對於人類的天生性情，比如恐懼、弱點、希望等，都要表示同情。」

「對於任何事情，都要設身處地地思考。在考慮事情的時候，要考慮到他人的利益。」

「表達反對意見的時候，不應該傷害到他人。」

第七篇　待人寬厚，留餘地就是留後路

「對於事情的好壞，要有迅速辨別的能力。必要的時候，做出一定的讓步。」

「不要固執己見，你要記住，你的意見只是千萬種意見中的一種。」「要有真摯仁慈的態度，這種態度，能夠幫你化敵為友。」

「無論遇到怎樣難堪的事，都要欣然承受。」

「最重要的，就是有溫和、快樂、誠懇的態度。」

放別人一條生路，讓他有個臺階下，為他留點面子和立足之地。人海茫茫，但卻常「後會有期」，你今天勢強不留任何餘地，等到他日二人狹路相逢，如果那時他勢旺你勢弱，你就有可能吃虧。所以任何時候做任何事情都要留三分餘地。

鋤奸杜倖，要放他一條去路。若使之一無所容，譬如塞鼠穴者，一切去路都塞盡，則一切好物俱咬破矣。

—— 《菜根譚》

言不說盡，事不做絕

福不盡享，話不說盡，事不做絕。美國科學家克里斯托弗說過這樣的一句話：「直言無忌的最大壞處，是不給講話人留下餘地，而且容易挑起衝突。」

言不說盡，事不做絕，給自己與他人轉圜空間

常言道：「做人要做到十分，做事只可做到八分。」就是說，要盡量給自己留下迴旋的餘地，凡事不可過於偏激，以免使自己尷尬。意氣用事，吃虧的最終只能是自己。

古希臘神話裡有這樣一個傳說：

太陽神阿波羅的兒子法厄同駕起裝飾豪華的太陽車橫衝直撞，恣意馳騁。當他來到一處懸崖峭壁上時，恰好與月亮車相遇。月亮車正欲掉頭退回時，法厄同倚仗太陽車轅粗力大的優勢，一直逼到月亮車的尾部，不給對方留下一點迴旋的餘地。

正當法厄同看著難以自保的月亮車而幸災樂禍時，他自己的太陽車也走到了絕路上，連掉轉車頭的餘地也沒有了。向前進一步是險境，向後退一步是災難，最終，萬般無奈地葬身火海。

人活在世上，除非你選擇離群索居，遠隔紅塵三千里，否則不可避免地要與別人相處共事。為此，如何維繫良好人際關係一直都是做人處世的重要課題。人與人之間為什麼會結下難解的仇怨，很多的情況都是自絕後路造成的，也就是與人產生摩擦時把話說絕、把事做絕了，如此不留餘地，雙方關係當然會陷入無法收拾的地步。

從古至今，大凡能成大事的人，皆善於謙恭退讓，懂得給自己留下迴旋的空間。都明白先聲奪人、狂躁激進、赤膊上陣、意氣用事、行為魯莽，這不但是匹夫之勇，於事無

第七篇　待人寬厚，留餘地就是留後路

補，更會露拙於人，授人以柄，成為眾矢之的，最終只能功敗垂成，半途而廢。

因此，凡事要給自己留有餘地，顧大局，看長遠，順其自然，該退則退，該讓則讓，不急不惱，以躲為閃，以守代攻，給別人退讓一大步，為自己留出一片天地，在退讓的天地中休養生息，保全自己，蓄勢待發。

做事要講求留有餘地，不要把人逼上絕路；說話也要留有餘地，不能把話說得太滿。因為凡事總有意外，留有餘地，就是為了容納這些意外，以免自己將來下不了臺。

一個年輕人想到大發明家愛迪生（Thomas Edison）的實驗室裡工作，愛迪生接見了他。這個年輕人為表達自己的雄心壯志，說：「我一定會發明出一種萬能溶液，它可以溶解一切物品。」愛迪生便問他：「那麼你想用什麼器皿來放這種萬能溶液呢？它不是可以溶解一切嗎？」

年輕人正是把話說絕了，陷入了自相矛盾的境地。如果把「一切」換為「大部分」，愛迪生便不會反詰他了。

曾有一位朋友，因在公司裡與同事之間產生了一點摩擦，很不愉快。一怒之下，他就對那位同事說：「從今以後，我們之間一刀兩斷，彼此毫無瓜葛！」

這句話說完不到三個月，他的同事成了上司。因他講了過重的話，所以很尷尬，只好辭職另謀他就。

> 言不說盡，事不做絕，給自己與他人轉圜空間

因為把話講得太滿而讓自己窘迫的例子，在現實中隨處可見。但這樣做的結果，就像把杯子倒滿了水一樣，再也滴不進一滴水，否則就會溢出來；也像把氣球充滿了氣，再充就要爆炸了。

其實，人際關係實際就是利益關係，為人處世只要懂得謙讓容忍、寬大為懷，凡事多為他人設想，不要只著眼於私利，能做到這樣就算及格了。少對人說絕話，多給人留餘地，這樣做其實並不是僅僅為對方考慮，對對方有益的；更是為自己考慮，對自己有益的。這是對雙方都有好處的。

即使與人交惡，也不要口出惡言，更不要說出「情斷義絕」「誓不兩立」之類過激的話。對人不要太早下評斷，像「這個人完蛋了」「這個人一輩子沒出息」之類屬於「蓋棺論定」的話最好不要說，人一輩子很長，變化很多，不要一下子評斷「這個人前途無量」或「這個人能力高強」。以便他日狹路相逢還有個說話的「面子」。為人且說三分話，未可全拋一片心。有心計的人在生活中很注重拿捏說話分寸，從不把話說得太絕，以免禍從口出。

總之，人之一生說短很短，說長也很長，世間事恰如白雲蒼狗，變化很多，所以不要一下子把路堵死了。這對自己是非常不利的。

> 刻削之道，鼻莫如大，目莫如小。鼻大可小，小不可大也；目小可大，大不可小也。舉事亦然，為其不可復也，則事寡敗也。」
>
> ——《韓非子》

饒人一條路，傷人一堵牆

饒人一條路，傷人一堵牆。多個朋友多條路，多個冤家多堵牆。胡雪巖堅持「得饒人處且饒人」的處世原則，這正是不傷和氣的生意經。

胡雪巖剛開始闖蕩時，曾借了五百兩銀子幫助朋友王有齡捐官成功。王有齡當上官後回到杭州，得知胡雪巖因借錢的事丟了工作，日子過得很落魄，心裡非常過意不去，決定幫胡雪巖「找回面子」。

為了表達自己的誠意，王有齡特意從海運局撥出六百兩銀子（比當初借的還多），打算隆重還錢。

他穿上官服，坐上華麗的轎子，準備敲鑼開道，威風凜凜地和胡雪巖一起去信和錢莊還款，藉此讓胡雪巖揚眉吐氣，順便也給當初開除胡雪巖的張胖子一個難堪。

然而，胡雪巖卻拒絕了這個提議。他的理由很簡單，信和錢莊的「大人物」就是當初將他開除出信和的張胖子。如果此時他和王有齡一同前往，勢必讓張胖子大失面子。張揚出

> 言不說盡，事不做絕，給自己與他人轉圜空間

去，張胖子在同行、在東家面前的面子也沒有了，這是胡雪巖不願意看到的事情。

不僅如此，胡雪巖還叮囑王有齡：「你到時候啊，記得多說點信和錢莊的好話，別讓張胖子難堪。」王有齡聽了，對胡雪巖的氣度佩服得五體投地。最終，王有齡換上簡單的便服，坐著一頂普通的小轎子，低調地去了信和錢莊。

巧的是，信和錢莊早把當初胡雪巖借錢的事忘得一乾二淨，連借據都找不到了，因為他們早就認定這筆錢收不回來了。張胖子尷尬地說：「哎，借據可能早丟了，不知道在哪裡。」

王有齡聽了也不為難他，爽快地把六百兩銀子交給對方，並說：「沒事，你們就寫個收據說錢已經還清，原來的借據以後找到再銷毀就行了。」

這一番舉動不僅讓信和錢莊的人驚訝，張胖子也大鬆了一口氣。而王有齡更明白，真正讓人敬佩的，不是表面上的風光，而是像胡雪巖那樣，懂得為人著想、懂得寬容的胸懷。

在對待吃裡扒外的朱福年時，胡雪巖牢牢記住「饒人一條路，傷人一堵牆」的道理，把這件事處理得極為漂亮。

在胡雪巖與龐二合作銷售洋貨的過程中，朱福年不僅從中作梗，還私自挪用了東家的銀子，做起了自己的小生意。

第七篇　待人寬厚，留餘地就是留後路

這件事被龐二發現後，氣得火冒三丈，心想一定要查個水落石出，狠狠教訓朱福年一頓，最後再把他掃地出門。

不過胡雪巖卻攔住了龐二，搖頭說：「發現一個人有問題就直接清查、開除，這只是普通人的做法。真正高明的，是讓他不只知道錯了，還心甘情願服氣，甚至為你賣命。要像諸葛亮'七擒孟獲'那樣，不只是打敗他，更要讓他心服口服。真正厲害的不是直接'火燒藤甲兵'，而是要燒得他服服貼貼，從此死心塌地替你出力，這才算本事。」

說完，胡雪巖便暗中開始行動。他沒有立刻揭穿朱福年，而是先透過自己的人脈，摸清了朱福年私底下開的帳戶，還查清楚了他挪用銀子的細節。當所有證據都掌握在手後，胡雪巖親自去查帳，故意在帳目上點出了幾個明顯的漏洞。

但他只是輕描淡寫地提了一下，沒有直接戳破朱福年挪用公款的事，也沒有再追問更多細節。這讓朱福年心裡慌得不行，他覺得胡雪巖應該已經抓到自己的把柄了，卻又搞不清楚到底被發現了多少，這種不確定感比直接指責更讓他忐忑不安。

更讓朱福年意外的是，胡雪巖並沒有趁機發作，反而大方地給他時間去檢查帳目，補上漏洞。這等於是給他留了一條生路。等到一切安排妥當後，胡雪巖又語重心長地對朱福

年說:「只要你盡心盡力,好好做,未來還會重用你。」

朱福年聽了,內心百感交集。他心裡清楚,胡雪巖早就看穿了一切,卻沒有當眾羞辱他,更沒有一棒子打死,反而給了他改過自新的機會。從那天起,朱福年徹底服氣,對胡雪巖感激不盡,心甘情願地為他效力,後來再也沒有犯過同樣的錯誤。

第七篇　待人寬厚，留餘地就是留後路

待人寬容是一種修養

論理要精詳，論事要剴切，論人須帶二三分渾厚。若切中人情，人必難堪。故君子不盡人之情，不盡人之過，非直遠禍，亦以留人掩飾之路，觸人悔悟之機，養人體面之餘，亦天地涵蓄之氣也。

—— 《呻吟語》

地窪下，水流之；人謙下，德歸之。

—— 魏徵

低調謙虛待人真誠

香港大亨李嘉誠在商場上馳騁了半個多世紀，只有對手，沒有敵人，堪稱天下奇蹟。而造就這個奇蹟的原因是他善於化敵為友，為人和善。

李嘉誠在任何時候都不以勢壓人，即使對競爭對手亦是如此，他一貫的做人準則是「善待他人，做朋友不做敵人」。

商場充滿了爾虞我詐、弱肉強食。能做到善待他人，不少人認為是不可能的事。但是，在李嘉誠的身上，善待他人、讓他人一同分享利益的事情不勝列舉。就此，香港《文匯報》的主持人還曾訪問李嘉誠，尋求他做人的祕訣，以解

> 待人寬容是一種修養

開人們心中的疑惑：商場如戰場，經歷那麼多艱難風雨之後，李嘉誠為什麼對朋友甚至商業上的夥伴，總是那麼的坦誠和磊落？

李嘉誠認為，人要去求生意比較難，生意跑來找你，你就容易做。一個人最重要的是有勤勞、節儉的美德，對自己可以節儉，但對他人卻要慷慨，並且要講信用、夠朋友。這麼多年來，任何一個國家的人，只要跟李嘉誠做生意的，合作之後都能成為好朋友，從來沒有因任何事鬧過不開心。

對於合作之後又能成為好朋友這點，最具有說服力的事情，莫過於與老競爭對手怡和的爭奪戰。那時，李嘉誠鼎力幫助包玉剛買下怡和的臺柱──九龍倉，又從怡和所控制的英資置地手中買下港燈，還率領華人富豪「圍攻」置地，然而李嘉誠並沒有為此而與怡和的高層結仇。在每一次「戰役」之後，他們都握手言和，繼續聯手發展地產專案。

李嘉誠認為：「只有照顧到對方的利益，這樣人家才願與你繼續合作。」追隨李嘉誠20多年的洪小蓮，談到李嘉誠的合作風格時說：「凡與李先生合作過的人，哪個不是賺得盆滿缽滿！」

許多人向李嘉誠請教如何才能做好生意，李嘉誠的回答是保持低調。所謂保持低調，其實就是通常人們所說的謹慎謙虛做人，做生意和做人一樣，必須要秉持一種謙虛和合作的態度。

第七篇　待人寬厚，留餘地就是留後路

李嘉誠最為人稱道的是與合作夥伴的關係。與他合作過的生意夥伴，從包玉剛到李兆基、鄭裕彤及榮智健，無一例外地成了他的朋友，這些皆源於他「謹慎低調做商人」的原則。

對競爭對手，即使己方處於絕對優勢，李嘉誠依然保持一貫的低調。收購置地時，李嘉誠與李兆基、鄭裕彤、榮智健組成財團，已處於絕對優勢，但對方反對收購，李嘉誠遂決定放棄收購。這固然有收購成本過高的考慮，難能可貴的是，李嘉誠沒有利用手中的股權逼迫對方高價贖回，而是以市價轉讓給對手，放棄了一個千載難逢的黃金機會，並且附帶了「7年之內不再收購」的條款，為以後雙方的合作鋪好了路。

> 持身不可太皎潔，一切汙辱垢穢，要茹納得；與人不可太分明，一切善惡賢愚，要包容得。
>
> ——《菜根譚》

學會處處對人寬容

如果你想有所作為，想獲得成功，那就要學會寬容，養成能夠容忍別人不同見解和諒解別人錯誤的肚量。

寬容讓你獲得心靈的寧靜。錙銖必較的人往往不僅不能獲得寧靜，而且會失去更多。只有寬容的人才會積極樂觀地對待生活，在面對困難或是遇到危險的時候，他們能夠遇難

待人寬容是一種修養

不驚,頭腦冷靜,凡事都以大局為重。這樣的人是值得我們學習和尊敬的。

做人一定要學會寬容,每個人都會犯錯誤,而且每天都在犯錯誤;每個人都不完美,而且每個方面都不完美。當遇到你無法容忍的情況時,馬上默唸這一段,時間一長,你就會用寬容之心理解別人、對待別人了。

約翰是一個室內裝潢工廠的老闆。有一次,生產線上有一個工人喝得酩酊大醉後來上班,吐得到處都是。廠裡立刻發生了騷動:一個工人跑過去拿走他的酒瓶,領班又接著把他護送出去。

約翰在外面看到這個人昏昏沉沉地靠牆坐著,便把他扶進自己的汽車並送他回家。他妻子知道後嚇壞了,約翰再三向她表示什麼事都沒有。「不!卡爾不知道,」她說,「老闆不許工人在工作時喝醉酒。卡爾要失業了,你看我們怎麼辦?」約翰當時告訴她:「我就是老闆,卡爾不會失業的。」

回到工廠,約翰就對卡爾那一組的工人說:「今天在這裡發生的不愉快,你們要通通忘掉。卡爾明天回來,請你們好好對待他。長期以來,他一直是個好工人,我們最好再給他一次機會!」

卡爾第二天果真來上班了。他酗酒的壞習慣也從此改過來了。約翰的寬容使卡爾很感動,他一直記在心上。

一年後,地區性工會總部派人到約翰的工廠協商有關本地的各種合約時,居然提出一些令人驚訝、很不切實際的要

第七篇 待人寬厚，留餘地就是留後路

求。這時，沉默寡言、脾氣溫和的卡爾立刻號召大家反對。他開始努力奔走，並提醒所有的同事說：「我們從約翰那裡獲得的待遇向來很公平，用不著那些外來者告訴我們應該怎麼做。」就這樣，他們把那些外來者打發走了，並且仍像往常一樣和氣地簽訂合約。約翰用寬容贏得了工人的擁戴，取得了事業的成功。

事實證明，事業越成功的人，也就越有寬容之心。寬容猶如春天，可使萬物生長，成就一片陽春景象。宰相肚裡能撐船，不計過失是寬容，不計前嫌是寬容，得失不久踞於心，亦是寬容。寬容可助你贏得下屬的忠誠，保持其積極進取的心；可使你不受一時得失的影響，保持對事情正確的判斷。

在全球最權威的商學院──哈佛大學商學院的必修課程中，有一部分專門研究非智力因素對一個人成功的影響的內容。在這些非智力因素中，他們就極為突出寬容的價值，強調寬容是成功者的必備素養。

假如你不相信這一點，不「寬容」行事，那麼，你就永遠不可能成為一名真正的成功者。試想，如果你因別人的一點過錯就心生怨恨，一直耿耿於懷，甚至想打擊報復，整日沉湎於這樣的瑣事上，那麼你還有精力發展自己的事業嗎？

當遇到與你不一致的觀點、做法時，首先你要想想別人合理的地方，為什麼會這樣想、這樣做。然後，你再把你的

做法與他們的做法做比較。你可以試著與不同背景、不同思想的人做朋友，多觀察他們的做法，要善於採納新的觀點，這樣你才能學會寬容。

如果你發現有些人實在令你難以忍受，比如你的同事，那你可以努力找出他的一些優點，然後，再見到他時，多想想他的這些優點。並且，在與別人的談論中，你不要批評他的缺點，更不要作無謂的抱怨。

處處對人寬容是一種格局，是建立人與人之間良好關係的法寶。一個擁有寬容美德的人，能夠對那些在意見、習慣和信仰方面與其不同的人表示友好和接受。寬容不僅對你的個人生活具有很大的價值，而且對你的事業有重要的推動意義。一個人經歷一次寬容，就可能會打開一扇通向成功的大門。藉助寬容的力量，你可以實現自己偉大的夢想，成就自己的事業。

做人做事，留三分餘地，方能長久

不責人小過，不發人陰私，不念人舊惡，三者可以養德，亦可以遠害。

—— 《菜根譚》

在我有餘，則足以當天下之感，以不足當感，未有不困者。識有餘，理感而即透；才有餘，事感而即辦；力有餘，任感而即勝；氣有餘，變感而不震；身有餘，內外感而不病。

—— 《呻吟語》

給自己留夠底牌

給自己留夠底牌，不要把自己手裡所有的牌全部亮出來，因為牌局隨時會中途停止，而對方也隨時會出新的牌，不到最後關鍵時刻，最好不要亮出你手裡最有分量的牌。最後的贏家才是真正的贏家！

做事之前留一手，主要是在做事之前，先想好後面可能出現的情況，保留隨時可動用的備用資源和機動力量，並且設下伏筆，或在中途安排援軍；在經營事業時，手頭要保留隨時可動用的備用資源和機動力量，以使事業順利進行。

身為主管或管理人員，在日常工作的細微之處要多多謹

> 做人做事,留三分餘地,方能長久

慎用心,要注意做備忘錄、檔案備份,保存好必要的證據。

明代周忱巡撫江南時,隨身帶著一個筆記本。在這個筆記本裡,他將每一天的天氣,當天所做的事情,哪怕是很小的事情,都記在其中。像每日的颱風下雨情況,自己在哪裡見了什麼人,又做了些什麼,等等。人們多不明其意。

有一天,一個人來報告,說運糧的船在江上被吹走了,找不到了。周忱就問那個人丟失糧船是哪一天,是午前還是午後,當時颳什麼風。結果報告的人回答得顛三倒四,周忱翻開日記本和他逐項逐項對證。

那人大吃一驚,只好交代了自己私扣糧船的罪行。

在任何工作場合,為了團隊和自己的事業,我們都應該事先留一手,為自己預先留下後備力量。有了退路才會更加大膽闊步地前行,進退自如。

譬如,在管理工作中,很多上司喜歡在自己的周圍培養一些心腹。培養心腹自有其諸多好處。但要注意的是,平時對待心腹下屬,也應該留心,不能將什麼祕密都無所保留地告知他人。要知道,大師們在向眾人演示妙術,或者收徒傳技時,都會講究策略,不將其看家本領通盤托出,這樣他才可長享盛名,使別人始終唯命是從。

約瑟夫擅長摔跤,他技術高超,會的技巧足有290餘種,並且每次出手都各不相同。弟子裡頭,他最喜歡長得英俊的薩繆爾。薩繆爾力大無比,本事高明,名氣很大,是自

第七篇　待人寬厚，留餘地就是留後路

己所有弟子中最有建樹的一個。

有一天，所羅門國王點名要看薩繆爾的摔跤術。贏得比賽後，薩繆爾跑到國王面前誇口，說自己的本領和力氣，比起師父來都不差。他之所以不願摔贏師父，不是自己技術差，而是因為師父的年齡已大。他這樣不尊重師長、狂妄自大，所羅門國王很不高興，叫人選了一處寬大的場地，把滿朝文武百將都請了來。讓師徒二人比賽。

薩繆爾耀武揚威地走進場地，像一隻被激怒的獅子，彷彿他的敵人就是一座鐵山，也會被他推倒。

約瑟夫看徒弟力氣比自己大，所用招數又和自己如出一轍，於是就用一招從來沒有示人的招數一把將他扭住。薩繆爾一下不知怎樣招架，便被師父舉過頭頂，摔在地上了。滿場的人都歡呼起來。所羅門國王獎給師父一件華麗的袍子，並斥責薩繆爾說：「你太狂妄了，竟然妄想和你師父較量，可是你失敗了。」

薩繆爾說道：「國王！師父勝過我並不是憑力氣，而是有一招沒有傳授給我。他就憑這小小的一點本事，今天把我打敗了。」

約瑟夫說道：「我留下這一手就是為著今天。記得聖人說過：『不要把本事全部教給你的弟子，萬一他將來變成敵人，你怎樣抵擋得住？』從前有個吃過弟子虧的射箭高手曾經說過：『不知道是這世上本來就沒有情義，還是如今人心變得太快，我向他們傳授射箭技藝，最後他們卻把我當作天上的鴿子。』這些都讓我不得不引以為戒啊！本來我看你基礎不錯，

> 做人做事，留三分餘地，方能長久

想拋卻這些繁文縟節，把我全部的技藝傳授給你，但你目無尊長，實在是太令我失望了。」

世事轉移，人事複雜，人心多變，即便是受人技藝的人，為了名利，也會對其師父進行挑戰，誰又能保證眼下極為忠心的下屬，日後還能有同樣的忠心？一旦忠心程度改變，甚至從一端滑向相反的另一端，那時，昨日的心腹，誰敢保證不會成為他日的「炸彈」？

在生活中，一個人被偷扒或搶劫了錢包之後，若是再從身上找出幾塊錢來，那將會感到意外的驚喜，還有失望或者絕望之餘的安慰。早知如此，何不在大筆錢財之外，再留一小筆錢在別處呢？世上的遊客之所以勇於隨處漫行，就是因為他們在行前留了一手：即便被人扒了錢包，至少身上還有一小筆錢。而這一小筆錢，便是他們回家的資本。

生活的智者告訴我們：當你運氣好時要為時運不濟時做好準備，無論怎麼順利，做事之前都要留一手。事前做準備一般都容易一些，你只需預留一些資源、力量就可以了。一旦事業中途出現意外，事前準備那小部分資源、力量，就變得無比重要而珍貴了。

有格局的人總是用最大的努力去爭取好的結果，同時做好失敗的心理準備、物質準備和應變措施。在追求利益時，既要考慮到成功的一面，也要考慮到有失敗的可能，兩者兼顧，方能周全。在欲進未進之時，應該認真地想一想，萬一

不成怎麼辦？及早地為自己留一條退路。多準備幾手，多設想一下可能出現的困難，多幾個應急措施，一旦有了情況，出現問題，就能應付自如。

不論做什麼事都難有百分之百的把握。所以，在沒有成功的絕對把握時，應該先給自己留點餘地，以便進退自如。

國之利器不可以示人。

—— 《道德經》

保持神祕，隱藏弱點

經常保持神祕感的人，就像是一座取之不盡的寶山，能夠吸引大家的興趣。表面上看起來很能幹，並且讓人一眼就看出能幹的人其實稱不上能幹。真正的高手是那些表面上看起來平凡，而實際接觸卻發現他深不可測的人。愈是讓人看不透的人，就愈是能夠吸引別人的注意，愈是這樣就愈讓人想要進一步接觸。人與人的交往就是建立在實際的接觸上，如果他是個交往一兩次就讓人厭煩的人，那麼他便不是個有魅力的人。

具有神祕莫測魅力的人，你愈和他交往愈覺得他的高深莫測。這樣的人，永遠有驚人之舉。具有這樣魅力的人，一定具有廣博的知識與敏捷的反應，能夠應付各種狀況，絕不會出現江郎才盡的窘態。有格局的人就應該具備這種魅力，

把自己的能力「隱藏」一部分，而不要遇事就強出頭，要給人一點神祕感！

每次見面都給人不同的感覺，這樣的人總是讓人很想知道接下來他又有什麼新的靈感，這種魅力就是具有未知的神祕感。這種未知的神祕感，要透過人性的修練及不間斷地研究來培養。

平常看起來總是有些不足，但一遇到現實的問題就馬上展現出實力。這也就是說，平常保留一半的實力，有需要的時候總有驚人之舉。一向都強出頭，表現出精明能幹的樣子，到了緊要關頭卻手足無措，這是不懂得如何運用智慧的人。別人愈是不了解你有多少本事，就愈想了解你的實力。培養足夠的實力卻不做非必要的表現，這就是做人的技巧。

在一些場合，你可以故意暴露一些你的缺點，比如你的遲鈍、你的大意。但同時，在另外一些場合，你又要採取相反的策略，隱藏起你的弱點、你的疏忽、你曾犯的大錯，以及你的傷疤。總之，藏露有時，是為了做人游刃有餘，做事進退自如，保護自己又成全別人。保存你的能量是一種藏巧。在大多數的情況下，才不可露盡，力不可使盡。即若有知識，也應適當保留，這樣，你會加倍地完善。永遠保存一些應變的能力，適時救助比全力以赴更值得珍貴。深謀遠慮的人總能穩妥地駕馭航向。從這個意義上說，我們亦可以相信：一半多於全部，隱藏勝於盡顯。

第七篇　待人寬厚，留餘地就是留後路

學會踏踏實實地對待一切，從低處入手，向高處攀登，你的生命才會呈現出真正的美麗與輝煌，你也才有機會被時代和歷史仰視。

事事留個有餘不盡的意思，便造物不能忌我，鬼神不能損我。

──《菜根譚》

給自己留條後路

開車要有備用鑰匙；銀行裡應有一些存款；戰場統帥從來都要為自己預留一個撤退的方案；我們也應該預先為自己留條退路。做事不留餘地的人，眼前看起來雖然占盡了便宜，事實上卻是最大的輸家。

預防眾叛親離，你可以在沉寂江湖多年以後重整旗鼓，因為你要重新站起來，所以必須給自己留一條屬於自己的後路。後路包括藏起一個存錢罐（雖然裡面只有幾塊錢，但你將來就是要靠這幾塊錢東山再起）；後路也包括一棟法律意義上並不在你名下的房子（你可以有個地方供自己一個人療傷，恢復元氣），更包括一個並不經常來往但很仗義，而且你也給過他很多幫助的朋友（他可以在關鍵時候收留你，陪你喝酒，而這樣的朋友一生中你能遇到一個也已經很幸運了）。

這個世界遠非你想像中那麼簡單，做人做事，不妨先給

> 做人做事，留三分餘地，方能長久

自己加一個「保護層」。

創業前輩告訴我們：創業之初，最好先去工作，解決溫飽，之後再考慮創業問題，機會總是會有的。這樣，便無後顧之憂，為自己留出一條可進可退之路。一方面，努力累積原始資金，累積技術和各種經驗；另一方面，如果創業籌備失敗，還有一份工作可以維持生活。

創業就不要怕吃苦。一邊工作，一邊準備創業，雖然比較辛苦，但這份工作卻是我們創業時期很重要的一個保障。要知道，比爾蓋茲在微軟成立之初，也是靠兼差來維持生活的。

在正式開始創業之後，要盡可能地分散風險。投資多樣化，經營多元化，調整風險項目投資比重，以分散風險，同時也可利用分開投資時間，錯開投資週期的辦法分散風險。創業之初也是如此，個人獨資要承擔無限責任，但幾個人共同投資，就是有限責任，就能分散風險。

不但是創業的時候要給自己留條後路，一些功成名就的人，為了維護自己的利益也會做到有備無患。

三國時期的曹操是個老奸巨猾的謀略家，此人精通權術，詭計多端。他深知留一手的妙處，為了防止部下對自己發生不利的行為，就告訴他周圍的侍從說：「在我睡覺時，你們不能隨便靠近我，靠近了，我就會殺人，這樣做了之後自己還不知道，你們應當時刻注意這一點。」

第七篇　待人寬厚，留餘地就是留後路

有一天，他假裝睡著了，有一個好心的侍從看見他蓋的被子掉了，就上前想給他蓋好，不料曹操突然坐起來，揮劍把侍從殺死了，接著又躺下睡覺。醒了以後他假裝不知地問道：「是誰把侍候我的人殺了？」自從這件事發生以後，每逢他睡覺，再也沒有人敢靠近他。曹操說：「要是有人想害我。我的心裡就有所察覺。」大家聽他這樣說，都將信將疑。

還有一次，曹操把他最寵信的侍從叫到身邊，對他說：「你懷裡藏把刀，悄悄地來到我身邊，我會說心裡有所察覺，要是抓你對你用刑，你只要不把這件事的實情說出去，保管對你不會有什麼損害，事成之後我還將重重地報答你。」這個侍從信以為真，所以在被捕以後一點也不害怕，最後被曹操下令處死。這個人臨死前才知道上當，但為時已晚。從此以後，人們都以為曹操確實有這種遇危心知的本領，想謀害他的人也就不敢動手了。

在人際交往中，免不了會遇到被出賣、故意中傷等料想不到的事情。如果事先能預料到這些事的發生，並加以防範，就能確保安然無恙。

唐朝郭子儀平安史之亂的事蹟已為人所熟知，但很少人知道，這位功極一時的大將為人處世卻極為小心謹慎，與他在戰場上叱吒風雲、指揮若定的風格全然不同。

唐肅宗上元二年（761），郭子儀進封汾陽郡王，住進了位於長安親仁里金碧輝煌的王府。令人不解的是，汾陽王府每天總是門戶大開，任人出入，不聞不問，與別處官員宅門

森嚴的情況判然有別。客人來訪，郭子儀無所忌諱地請他們進入內室，並且命人侍候。有一次，某將軍離京赴職，前來王府辭行，看見他的夫人和愛女正在梳妝，竟像使喚僕人那樣差使郭子儀遞這拿那。兒子們覺得他身為王爺，這樣子總是不太好，一齊來勸諫父親以後分個內外，以免讓人恥笑。

郭子儀笑著說：「你們根本不知道我的用意，我家裡吃公家草料的馬有 500 匹，我家裡吃公家糧食的部屬、僕人有 1,000 人。現在我可以說是位極人臣，受盡恩寵了。但是，誰能保證沒人正在暗中算計我們呢？如果我修築高牆，關閉門戶，和朝廷內外不相往來，假如有人與我結下怨仇，誣陷我懷有二心，我就百口莫辯了。現在我大開府門，無所隱匿，不使流言蜚語有滋生的餘地，就是有人想用讒言詆毀我，也找不到什麼藉口了。」

幾個兒子聽了這一席話，都拜倒在地，對父親的深謀遠慮深感佩服。

事物總有看不透、不可料的一面。世事詭譎，風波乍起，非人所盡能目睹，有格局有「心計」的人會主張立身唯謹，避嫌疑，遠禍端。凡事預留退路，滿則自損，貴則自抑，所以能善保其身。

電子書購買

爽讀 APP

國家圖書館出版品預行編目資料

以退為進的「低調逆襲」法：情緒控管 × 練習取捨 × 長遠眼光……從為人處世到職場關係，教你怎麼低調做人！/ 李宏民 著 . -- 第一版 . -- 臺北市：財經錢線文化事業有限公司, 2025.03
面； 公分
POD 版
ISBN 978-626-408-185-6(平裝)
1.CST: 修身 2.CST: 歷史故事
192.1   114002145

以退為進的「低調逆襲」法：情緒控管 × 練習取捨 × 長遠眼光……從為人處世到職場關係，教你怎麼低調做人！

臉書

作　　　者：李宏民
責任編輯：高惠娟
發 行 人：黃振庭
出　版　者：財經錢線文化事業有限公司
發　行　者：崧燁文化事業有限公司
E - m a i l：sonbookservice@gmail.com
粉 絲 頁：https://www.facebook.com/sonbookss/
網　　　址：https://sonbook.net/
地　　　址：台北市中正區重慶南路一段 61 號 8 樓
8F., No.61, Sec. 1, Chongqing S. Rd., Zhongzheng Dist., Taipei City 100, Taiwan
電　　　話：(02) 2370-3308　傳真：(02) 2388-1990
印　　　刷：京峯數位服務有限公司
律師顧問：廣華律師事務所 張珮琦律師

-版權聲明-

本書版權為樂律文化所有授權財經錢線文化事業有限公司獨家發行電子書及繁體書繁體字版。若有其他相關權利及授權需求請與本公司聯繫。
未經書面許可，不得複製、發行。

定　　　價：320 元
發行日期：2025 年 03 月第一版
◎本書以 POD 印製